Homework Help for Mums and Dads:
Help Your Child Succeed

陪孩子成长系列丛书

帮助孩子应对作业

［英］凯伦·杜比（Karen Dolby）著
郑汉文 译
程可拉 校

中国人民大学出版社
·北京·

总　序

曾经在网上读到一对父母写给孩子的一封信，字里行间饱含对孩子无限的关爱与期盼，这让人能够真切感受到父母之爱的伟大与深厚。现在与各位一起分享这封信：

亲爱的孩子，真的好感谢上苍把你带进我们的生活，有你的日子总是充满了欢乐和希望！随着你慢慢懂事和逐渐融入社会，作为过来人，我们总是好像有许多的感悟和体会要讲给你听，以避免你再去经历我们曾经走过的弯路。可每次面对面讲述的时候又总觉得意犹未尽，于是提起笔把这些零零碎碎的人生心得写下来等你慢慢品味和体悟。

1. 爱自己。孩子，在这个世界上爱自己是第一重要的事，爱自己是你一生幸福的基石。爱自己就是在内心深处完全地接受自己，既接受自己的长处和拥有，也接受自己的短处和缺少。完全接受自己的人，不刻意地张扬和炫耀自己的长处，也不刻意地遮掩和庇护自己的短处；既不妒忌别人的拥有，也不为自己的缺少而悲怨。

每个人都非常需要被他人接受和重视。一个完全接受自己的人，也容易接受和重视他人。人不接受他人，主要是因为他人有这样或那样的短处。人能接受自己有这样或那样的短处，也就容得下

帮助孩子应对作业

他人的各种不足。当你接受和重视别人时，你也就被别人接受和重视。当你完全接受自己时，你也能够接受世界是不够完美的、人间不总是温暖的、人生的路不总是平坦的。

人的一生是一个不断接受自己与不断完善自己的过程。只有完全地接受了自己，你才能够不断地完善和提高自己。完全接受自己的人心中踏实、有信心，知道自己有价值，懂得珍重自己、爱惜自己和保护自己，也能做到体谅别人、关心别人和宽恕别人。完全接受自己，你就好像给自己编织了一件万能的衣裳，穿上它，在你人生的历程中不论遇到什么样的狂风暴雨、酷暑严寒，它都能为你挡风遮雨、避暑御寒。

写首诗送你吧：我喜欢我，一个不完美的我。由于不完美，那才是我。完美的我不是我，那只是一个雕塑。

2. 负责任。孩子，要做一个负责任的人，不论发生了什么事，只要与你有关，你就要勇敢地承担你那部分责任，不要找借口去推卸。只要担起你那部分责任，你就不会怨天怨地，你就会正确对待一切发生的事。承担了你的责任，你就掌握了事态的主动权，你就能够更好地解决你所遇到的困难和问题。承担了你那部分责任，你就能从坎坷中吸取教训、积累经验。将来，你就能够担得起生命中更大的责任。一个勇于承担责任的人，也是一个守信用的人、一个诚实的人、一个有自尊的人和一个公正的人。

3. 好身体。孩子，身体是人生的本钱。有个好身体，你才能更好地经历和享受人生。有个好身体不是一朝一夕的事，是不断努力的结果。你的健康受三个方面因素的影响：饮食的营养、身体的锻炼和心理的健康。

在饮食上不要偏食，多吃蔬菜和水果；在锻炼身体方面，你最好作个长久的计划，坚持长年的身体锻炼。保持心理健康也是个不断学习和努力的结果。心理若不健康会直接影响身体的健康。不要

总 序

让负面的、消极的和低级的信息进入你的大脑,那会污染你的心灵,降低你的心理健康水平。悲观和消极的信息会使人情绪变坏。坏情绪会使人的免疫力下降,人就容易生病。如果头脑中肮脏的信息进多了,人也容易染上不良的习惯和嗜好。不良的习惯和嗜好会极大地损坏人的身体健康。一旦不小心,头脑中进来了一些不好的信息,你要及时地把它们清扫掉。

4. 恋爱。孩子,在找恋人的事情上,我们不想你有任何条条框框,我们只想提出一些我们的看法供你参考。人与人之间差异很大,每个人都有自己的价值观——简单来说,就是人内心深处最看重的东西或者是最想得到的东西。有的人就想得到钱,只要能有钱,不管用什么手段都行;有的人就想出名,只要能出名,干什么都行。人的性格也各不相同。有人好静,有人好动。由于每个人都生长在不同的家庭中,每个人都受各自家庭背景的影响,所以,每个人的思维方式和行为习惯都不一样。在温馨家庭中长大的孩子爱多善也多;在暴力家庭中育出的孩子仇大恨也深。男人与女人除了生理上有不同外,在情感调控和理性思维方面也不一样。一般来说,男人比较趋向理性,女人比较趋向感性。

人与人之间的这些不同是矛盾的发源地。不同越多,矛盾越多;不同越大,矛盾越大。矛盾是造成爱情不美满的主要因素。为了有一份和谐美满的爱情,男女之间的不同越少、越小就越好。找一个性格相投、人生价值观相同、文化程度相近、家庭背景相似的人,彼此走进对方的心灵,你的爱情路上就会少坎坷、多幸福。

5. 找工作。孩子,在选择工作时,首先要考虑的是兴趣而不是金钱。找一份你愿意干的工作,你才能干好它。只为了钱而工作,你会常常敷衍你的工作。这样的话,你什么也干不好,也就不会做出令人满意的成绩,你的工作也得不到乐趣。如果找一份你喜欢的工作,你就会调动你的才智把它干好,你也就获得了一份成功的喜悦和满足。

孩子，我们会尽我们最大的智力、体力和精力去呵护和培养你。我们不但希望你有一个美好快乐的童年，还希望你有愉快幸福的一生。我们是平常人，我们的能力和智慧是有限的。在我们关照和教育你的过程中，肯定犯了不少的错误。我们有脾气，有时还很固执、很死板。我们肯定有很多照顾不到你的地方。我们有时也会坚持我们认为是正确的事情，也许在感情上伤到了你，我们请你原谅。只要你觉得在感情上我们有伤到你的地方，那一定是我们做错的地方，我们向你道歉。

孩子，我们万分地感谢你降生到我们家。我们一生中最大的幸运和幸福就是有了你。你丰富了我们人生旅程中的风景和感受，你使我们明白来世上这一回太值了。你给我们的远远超过我们所能给你的很多很多倍，我们会每天从心底里感谢你。

永远爱你、支持你的人：你的爸爸妈妈

掩卷深思，心中的共鸣与感慨良多。

孩子是父母最宠爱的宝贝。孩子的第一声啼哭或许是初为人父母听到的最让人兴奋、最让人激动，也最让人爱怜的天籁之音。孩子咿呀学语地第一次叫出"妈妈"、"爸爸"会让每一对父母顿时感受到无限的亲情与柔情。孩子第一次完整地表达出自己的想法与意思，会让爸爸妈妈们对从此可以直接洞察孩子的心灵感到无限的欣喜与期待。孩子第一次以充满感恩的心给爸爸妈妈倒上一杯水或用小手捶捶父母正酸痛着的肩背，会让每一位父母从心底生起幸福与安慰……孩子在成长过程中带给父母的许许多多的第一次，会串联成一组平淡而欢快的生活乐章！

孩子也是父母一生的牵挂。当孩子还在妈妈腹中生长发育时，

总　序

父母就开始牵挂孩子的健康；当看到孩子出生头发还不是很密，家长就开始牵挂孩子长大一点，头发会不会长得浓密一些；当看到孩子一岁了牙齿还没有长全，家长就开始牵挂孩子是不是营养不良；当察觉到孩子很胆小而不敢和陌生的小朋友一起玩儿时，家长又会担心这会不会影响孩子的社会交往；当孩子慢慢长大，家长又开始下决心不能让孩子的教育输在起跑线；当孩子从幼儿园到读到大学，家长又开始牵挂他们将来的工作是不是理想；当孩子开始自食其力走上工作岗位，家长便开始牵挂他们的恋爱与婚姻；当昔日的孩子也为人父母时，家长则又开始牵挂起他们孩子的新一轮循环……父母真的好伟大，父母真的很辛苦！

孩子对于我们来说是如此重要，那么如何能教育好孩子呢？除了在生活中更多地关爱孩子外，最重要的是要同孩子一起成长。而这套"陪孩子成长系列丛书"，就是为孩子家长、学校教师以及关心孩子的教育人士专门打造的一套教育宝典。从中您可以汲取育儿的智慧、体验优质教育带来的显著成效，还可以体悟如何做一位好家长或好老师。

在此，我们衷心感谢中国人民大学出版社的王雪颖老师以职业的眼光和市场的敏锐跟我们预约了这样一个非常有意义的翻译合作项目！同时还要衷心感谢各位译者在繁忙的教学科研之余，保持高度的合作热情，远离浮躁与功利，安心于书斋，孜孜不倦于教育智慧的传递！

最后，真诚地希望"陪孩子成长系列丛书"让各位读者开卷有益。

胡庆芳　程可拉
2014 年 10 月

前言

当孩子放学回到家兴奋地对你说："爸（妈），我有作业，你能帮助我吗？"你敢直言不讳地说你的心不往下沉吗？尤其是数学作业，也就是现如今被时髦地称作计算的这门功课。很多父母坦承，数学是学生时代最令他们烦恼的一门课，走出校门便把它抛到了九霄云外；作业更是他们孩提时代最伤痛的回忆，没人愿意重温。然而，就在我们讨厌和不情愿的同时，我们又都想帮自己的孩子，不愿看到自己的孩子因缺少方法和支持落后于他人。

家长们经常抱怨：如今的教学方法和一些用语都与过去学校教的大相径庭，他们的"帮助"或许只会扰乱孩子，带来更多问题。

本书为你提供给孩子辅导功课所需的基本知识——不是帮孩子做作业，而是为孩子提供有益的帮助和切实的指引，包括：如何使孩子养成良好的作业习惯；如何从其他家长和老师那儿获得有用信息，为孩子营造良好的学习环境；等等。本书不仅涉及最重要的计算和读写，也谈到了如何为孩子升入高年级作准备。

本书以实用为目的，每一章都设计了简单有效的窍门和方法，如"计算"这一章包含了有趣的数字游戏；"科学"这一章教你在家里做一些简单实验；其他章节还提供了加深记忆的技巧以及切实有效的解决问题的方法。笔者希望这本小册子能使你重视过去学过的一些知识，同时为你提供一些新的知识和方法。最重要的是，希望这本小册子能让你在愉快中把知识传授给你的孩子。

目 录

第一章　作业习惯 ……………………………………… 1
第二章　计算 …………………………………………… **5**
　　现代数学 …………………………………………… 6
　　数学用语 …………………………………………… 6
　　生活中的数学 ……………………………………… 13
　　加减法 ……………………………………………… 21
　　乘法口诀表 ………………………………………… 24
　　乘法 ………………………………………………… 27
　　除法 ………………………………………………… 29
　　小数 ………………………………………………… 29
　　分数 ………………………………………………… 31
　　百分数 ……………………………………………… 32
　　比率 ………………………………………………… 33
　　图形 ………………………………………………… 34
　　角 …………………………………………………… 37
　　测量 ………………………………………………… 38
　　数据统计 …………………………………………… 38
第三章　读写 …………………………………………… **41**
　　让读书变得有趣 …………………………………… 42
　　阅读方案与教学方法 ……………………………… 44
　　从阅读中受益 ……………………………………… 45

帮助孩子应对作业

　　英文写作 …………………………………… 50
　　英文拼写 …………………………………… 51
　　语法 ………………………………………… 63
　　标点符号 …………………………………… 78
　　写作风格 …………………………………… 88
第四章　科学 …………………………………… **93**
　　食物链 ……………………………………… 94
　　植物 ………………………………………… 96
　　微生物 ……………………………………… 99
　　栖息地 ……………………………………… 101
　　食物与健康 ………………………………… 101
　　生物分类 …………………………………… 105
　　岩石与土壤 ………………………………… 107
　　固体、液体、气体 ………………………… 109
　　力与运动 …………………………………… 111
　　光的特点 …………………………………… 112
　　电 …………………………………………… 113
　　天文 ………………………………………… 115
第五章　世界 …………………………………… **121**
　　历史 ………………………………………… 122
　　英国的国王与女王 ………………………… 134
　　地理 ………………………………………… 141
第六章　学习方法 ……………………………… **151**
　　信息与交流技术（ICT） …………………… 152
　　为升学作准备 ……………………………… 155

　　译后记 ……………………………………… 159

第一章

作业习惯

帮助孩子应对作业

教育是为老年作的最好的准备。

——亚里士多德

做作业既是要完成的一项学习任务,也是帮孩子养成在家里学习的好习惯的过程,尤其在孩子上学的头几年更是如此。不管你喜欢还是不喜欢,作业都是学校学习的一个重要的组成部分。而且,对待它的方式不同,产生的结果也会迥异。虽然我们不可能制定出一种适合所有孩子的严格且快速地完成作业的标准,但是有一些简单的步骤或许能使你的生活变得轻松一些。

- 提供一个适合学习的地方。在孩子的卧室里添一张写字台、一把舒适的椅子和一盏明亮的台灯是个不错的主意,不过你很快会发现孩子其实更喜欢在你身边的某个地方做功课。因此,只要把干扰降到最小,餐厅的餐桌也是个很不错的地方。

- 试着制定一个适合孩子的日程。也许你的孩子一放学回到家就想做作业,但是你要考虑到,他们上了一天学回来可能会饿,所以最好先给他们吃点零食喝点饮品。你会发现,他们稍微放松一下之后学习更起劲。

- 形成放学后学习的惯例。这一点非常重要,特别是上了中学后,作业是一项重要的学习任务,这个惯例更显其重要性。

- 避免孩子很晚才开始做作业。孩子困了,注意力就难以集中。

- 没有几个孩子喜欢做作业,所以如果你的孩子不愿意做作业,不要烦恼。

- 不同年龄的孩子有不同的需求,尽量不要让太小的孩子花太多时间做作业。

- 检查孩子是否清楚作业是什么,是否带齐了要用到的作业本等。

- 大多数学校都让学生把布置的作业记录在本子上,如果你孩子的学校没有这样要求，你应该让孩子自己准备一个作业登记本。

● 鼓励孩子提前做好计划。老师布置一项任务通常会留几天时间给孩子来完成，但孩子们总是有些贪玩，把作业留到最后一刻，结果常常不能按时完成。让孩子做好计划很重要。

● 孩子难以专注精神时，把作业分成几个部分来完成。给他们一个闹钟，以便他们能自己控制进程。

● 如果你发现孩子注意力不集中，请你找点话题把他的注意力吸引回来，可以翻翻他的课本，问问他正在学习的内容。

● 鼓励孩子钻研。让孩子知道如何获取信息——从书上、图书馆，还有因特网。网上的确提供了大量事实资源，但也要让孩子知道，网上资源不一定都准确。

● 鼓励孩子检查自己已完成的作业。让孩子养成检查作业的习惯非常重要。

给家长的提示

不要：

● 允许在电视机前做作业——这绝不是一个好主意。
● 替孩子做作业。

要：

● 让孩子看到完成功课后的希望——踢足球、玩游戏、看最喜欢的电视节目，甚至是在好朋友家过夜。
● 给孩子帮助或建议或坐在孩子身边，特别是当他们有困难的时候。指出孩子错误时，要先表扬他们做得好的地方。

应该让孩子做多少作业？

作业应起到帮助孩子学习、强化课堂上的知识的作用。

帮助孩子应对作业

　　作业并不一定都是书面作业，特别是对低年级学生来说，有时候可能会是阅读，是练习数学技能的游戏，或是查找信息。

　　学校现在比较喜欢让家长协助低年级学生完成功课，但是随着年龄的增长，最重要的还是要让孩子们学会独立完成功课，并学会独立展示他们的学习成果。

> **教师寄语**
>
> 　　如果你发现你的孩子做某一项作业确实很费力，直接跟老师讲或给老师写张条子，这样老师才能给你的孩子提供额外帮助，而不会误认为你的孩子懂了。
>
> 　　家长还应及时了解学校期望孩子做什么、作业时间是多长等信息。

第二章

计 算

帮助孩子应对作业

不要为你不懂孩子的数学作业而忏悔。

——米米·斯潘塞,《时代周刊》

现代数学

如今,数学这门功课除了名称变成了计算外,发生的最大变化就是重点也变了。过去,多数家长被教的是方法,是加减乘除运算。而现在,孩子们学习的是数学方法为什么有效,是如何用数学来解决问题。从理论上讲,这种方法有利于培养学生较强的数字感,增强他们应对更复杂的数学的信心。

然而,并不是所有人都认可这种新方法。但是,如果学校在用这种方法教你的孩子,你就只能接受。用你自己的方法给孩子辅导,会给孩子和你自己带来更多的混乱和迷惑。作为家长,增强孩子的信心才是你要做的最重要的事情——尤其是对数学的信心。孩子的很多问题其实都产生于对失败的恐惧和缺乏信心。

有用的小贴士
- 了解你孩子的老师是怎么教数学的。
- 试图帮助孩子之前仔细阅读教材或辅导书。
- 有时只需要帮助孩子理解作业实际上要他们做什么。
- 总是给孩子积极反馈,绝不要因烦躁泄孩子的气。
- 建议学校开家长会解释说明现行的教学方法。

数学用语

数学作业中的一些用语可能是家长感到最困惑的问题之一。乍一看,许多术语全然没见过,或已经淡忘,简直就像外语一样让人一头雾水。弄清楚这些用语有很大帮助。下面罗列了一些常见的数学用语供你参考：

角——小于 90°的角是**锐角**；大于 90°但小于 180°的角是**钝角**；**任意角**大于 180°；**直角**等于 90°。直角的两条边相互**垂直**；两条永远不相交的线是**平行线**。

锐角　　钝角　　任意角

直角　　垂直　　平行线

列阵——指排列在一个矩形中的一组数字、图形或字母，常用来表示乘法和分数的运算。最常见的是 3 行 4 列型，可以表示 3×4，或倒过来 4×3，结果都等于 12。

宽、长——宽是指长方形短的那一条边。长指的是长方形长的那一条边。

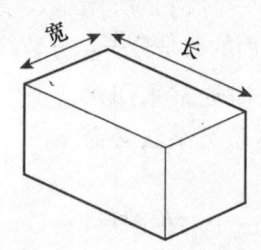

帮助孩子应对作业

　　圆——**周长**指绕圆一周的测量值。**直径**是指穿过圆心到边上两点间的距离。**半径**是指从圆心到边缘的距离。**弧**指圆的一小部分。**弦**指不穿过圆心的连接圆上任意两点的线段。

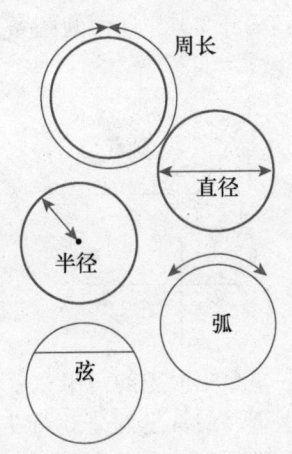

　　凑整——在数学中，为了使计算变得简单，经常会给一个数减掉或加上一个数使其变成整数。例如，要加 291 时，我们可以先加 290，再给计算结果加 1。

　　除法——组成**除数**的**数字区块**，并从**被除数**中逐一减去这些数字区块。运用除法所得的计算结果叫**商**。常问的问题有：某个数是否能被另一个数**整除**吗？例如，24 能被 3 整除吗？

　　因数——所有整数都可以分成其他数相乘的积，分成的每个数就是因数。**分解因式**就是找出一个数字的所有因数，**质因数**本身也就是质数。

　　分数——分数线上面的数是**分子**，分数线下面的数是**分母**。

　　格子法——教乘法时通常采用画格子的方法，也是教多位数乘法必需的步骤。

　　对称线——指穿过一个对称图形，

8

第二章 计 算

将这个图形分割成相互对称的两部分的实线或虚线。

平均数——把所有数字加起来，再除以总个数，得到的商就是平均数。例如，9，5，4 的平均数是 6。

中位数——也是平均值，或更准确地说是排在一行统计数字中间的数。中位数有时比平均数更有用，特别是当边远数字对平均数有影响（一个或两个数太高或太低）时。例如，一个班的数学考试成绩主要分布在 16 分、17 分、18 分（总分 20 分），那么，中位数就在这个范围内。一个学生得了 2 分对中位数几乎没有什么影响。

众数——在一组数字中，出现次数最多的数叫众数（见下面的"教师寄语"）。

乘法因数——指乘法口诀表中任何一对数字。

教师寄语

要想帮助孩子分清均值的概念，记住：求平均数时，你必须把所有数字相加然后再求商。众数是最出众的、最流行的那个数，它出现得最频繁。

加数——指任何加法算式中相加的两个数。

数轴——一条直线，下面写上了数字，可用于加法和减法计算。

拆分——现在很重要的一个概念，基本意思是把数字分成更容易计算的百位、十位数字，广泛应用于加法、减法、乘法的简便运算。

π：3.1415926，就是圆周率，也就是圆的周长与直径的比。你可以记住下面这首顺口溜，它可以帮助你计算圆的周长，也可以计算 π：

手拿一条线，

9

帮助孩子应对作业

绕圆走一周，
长度除以直径，
得到圆周率。

手拿一条线，
穿过圆中心，
直径乘以 π，
得到圆周长。

圆的计算——计算圆的三个基本公式（面积—area，用 a 表示；周长—circumference，用 c 表示；直径—diameter，用 d 表示）：

面积＝π×半径的平方，或 $a=\pi r^2$
周长＝π×直径，或 $c=\pi d, c=2\pi r$
直径＝2×半径，或 $d=2r$

你知道吗？

π是数学中的一个常数，也叫阿基米德常数。公元前3世纪，古希腊数学家阿基米德第一次算出了圆周率，并精确到小数点后三位数字。希腊字母π与表示周长的词同音。π广泛应用于科学、工程的重要公式中，包括数学。

有趣的 π

取一条绳子，测量出大小不同的圆的周长和直径，如果用该圆的周长除以直径，得数总接近π。

质数——只能被本身和1整除的数，叫质数或素数。数一下

第二章 计 算

下面这段话中每个英文单词的字母个数，你可以得到最基本的 7 个质数。"In the early morning astronomers spiritualized nonmathematicians."（一大早，天文学家就使那些不懂数学的人得到精神洗礼。）

2　3　5　7　11　13　17

> **你知道吗？**
> 　　第一百个质数是 541，第一千个质数是 7 919。
> 　　不是质数的数称为**合数**。
>
> **自我测试**
> 　　两个质数的和是 30，有多少种算法？

　　积——乘法计算结果的另一种叫法。

　　比或比例——衡量一种事物和另一种事物的相对量。例如，一个班级男生和女生的比是 2∶3。

　　平方数与平方根——一个数的平方就是这个数自乘。例如，8 的平方是 64，64 的平方根就是 8。同理，一个数的立方就是这个数自乘三次，例如，

$$1\times1\times1=1$$
$$2\times2\times2=8$$
$$3\times3\times3=27$$

> **1～100 的平方数**
> 　　如果你已知平方数，就很容易得知它的平方根，因为存在一个有趣的规律：

帮助孩子应对作业

平方数	平方根
1	•
(+3)	
4	• •
(+5)	
9	• • •
(+7)	
16	• • • •
(+9)	
25	• • • • •
(+11)	
36	• • • • • •
(+13)	
49	• • • • • • •
(+15)	
64	• • • • • • • •
(+17)	
81	• • • • • • • • •
(+19)	
100	• • • • • • • • • •

教师寄语

如果你仔细观察乘法口诀表，你就会发现方格中对角线上的那一行数就是平方数。这些数频频出现在数学中，越早知道越好。

和——两数相加得到的总数就是和。

三角形——三条边和三个角都相等的三角形叫**等边三角形**；三条边都不相等的叫**不等边三角形**；两条边相等的叫**等腰三角形**；一个角等于 $90°$ 的三角形是**直角三角形**。三角形的三个内角和等于 $180°$。

第二章 计 算

等边三角形

不等边三角形

等腰三角形

直角三角形

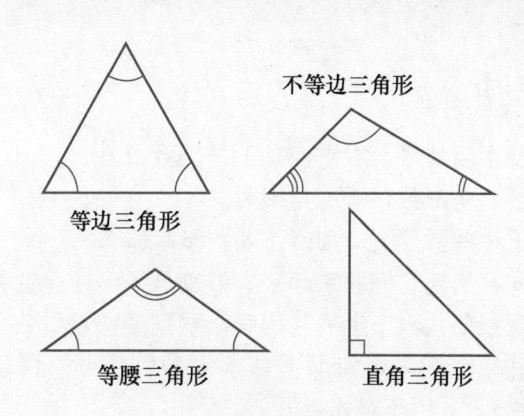

生活中的数学

帮助孩子愉快学数学的最简单的方法就是，把数学变成日常生活中的一部分。只要你善于观察，你会发现生活中有许多学习数学的机会。

购物时

- 让孩子帮你数找回的零钱。
- 鼓励孩子算一算你打算买的东西总共多少钱，你带的钱够不够。
- 在超市排队付钱时，跟孩子比赛估算物品的总价值，看谁估算得准。
- 每件物品应该估算多少钱，才算估算得准确？
- 数一下1公斤苹果（或其他水果或蔬菜）有几个？家庭成员平均一人能吃几个？

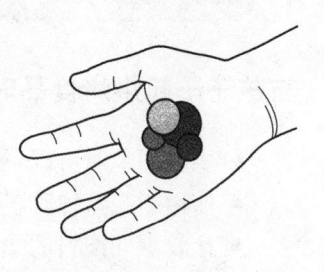

在街上行走时

- 注意观察门牌号，看它们是不是隔数上升。
- 注意哪些是奇数，哪些是偶数。
- 问孩子一些数学题，如 $7\times8=56$，那 $8\times7=?$ 你别奇怪，低龄孩子不太容易把它们联系起来。鼓励孩子多注意这种数学题。
- 注意观察公共汽车上的号码牌，辨别哪些是质数。
- 在地铁站等车时，如果下趟车 6 分钟后开，而现在是上午 11:45，考考孩子下趟车是几点开的。

火车时刻表

火车时刻表现在从网上就可获得。如果你需要在某个特定的时间到达或离开，应乘哪趟车？路途要花多长时间？应该几点从家里出发？数学考试常考这样的题。如果孩子在现实生活中做过这样的练习，他们就不会觉得难了。

与孩子一起烘烤食品时

- 烘烤面包时可以玩很多有趣的数字游戏。
- 使用旧式盘秤称各种烘烤配料。
- 比较不同配料的重量和体积。
- 使用有刻度的量杯，便于比较。
- 问孩子一些烘烤温度和时间的问题。例如，烤马铃薯时，烘

第二章 计 算

烤温度是 180℃，需要多长时间才能烤熟？温度是 220℃ 时呢？

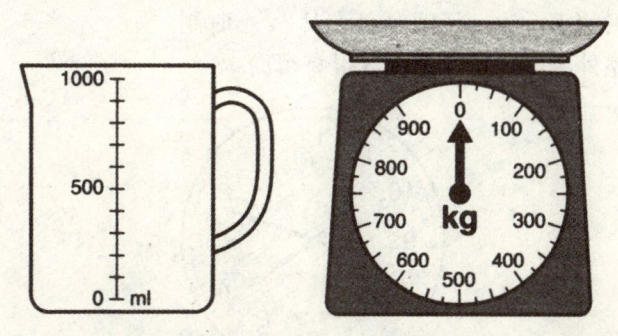

- 利用计时器练习减法。例如，需要的时间是 25 分钟，还剩 7 分钟，问孩子已经过了多长时间了。
- 利用做蛋糕或小面包的模具算乘法。例如，一排放 4 个，共放 3 排，需要多少个模具？
- 利用配方算比率。如果列出的是 2 个人的分量，那 4 个人需要多少配料？6 个人呢？
- 孩子总盼望得到帮助。大声问孩子问题，给他一种你自己也在计算的感觉。

> **给家长的提示**
>
> 　　如果你的孩子很容易就回答出你提的问题，要不失时机地与课本知识联系起来，以激起孩子对数学的信心。要让孩子感觉到，在生活中他能算对，学校的功课也一定能学好。

在家里

- 利用家里的一些物品学数学。
- 利用餐厅的时钟，可以帮助孩子学会认时间。

帮助孩子应对作业

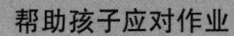

- 如果收音机或别的电器上有数字钟，还可以给孩子比较两种不同的时间表示法，帮助他们认识 24 小时制。
- 室外温度计对学习负数很有帮助。

- 计算器是做有些作业不可缺少的工具，也可用来玩数学游戏，正好也让孩子熟悉一下计算器的其他功能。
- 利用计算器检查孩子的计算结果，帮助孩子建立自信。
- 现在的计算器大多数都有分数计算功能，可以用这个功能干点什么。
- 用卷尺量东西时别忘了叫上孩子，如量窗帘布时。还要记得，所需布料宽度是窗子宽度的两倍。

16

第二章 计 算

- 巧克力、豆子、葡萄、通心粉、钱币都可以用来做加、减、乘、除的练习。
- 身高图是极好的让孩子算出这段时间长高了多少的工具。你可以让他们量一量兄弟姐妹的身高、爸爸妈妈的身高，并进行比较。
- 注意观察东西的高度、重量，鞋子、衣服的尺码，比较不同的进制，这些都可以鼓励孩子的信心，加强他们对数字世界的理解。
- 与孩子探讨测量不同物品时应使用的测量单位。例如，毫米适合测量纽扣的直径，米适合测量花园围墙的长度，公里适合测量从家到学校的距离等。

认时间

很多孩子觉得认时间很难，有些孩子到了一定年龄还不能准确说出时间。玩具钟或假钟可以帮助孩子认识钟表和时间。例如，让孩子记下开始做作业的时间，如果做作业需要 20 分钟，问他完成作业时将是几点几分？

给家长的提示

要把数学与孩子的兴趣结合起来。例如，可以利用足球比赛得分、联赛积分表、地理统计数据、美术中的比例和测量、音乐中的节奏和节拍来计算等等。有的孩子喜欢竞争，看谁算得快、贴星图都是很有用的方法。总之，只要孩子有兴趣就行。作为家长，你一定知道什么办法对你的孩子最管用、最能发挥你孩子的潜力。

帮助孩子应对作业

日　历

数学题往往会问及有关日历的基本常识。要让你的孩子知道：一星期、一个月、一年分别有多少天？闰年怎样计算？还要让他们知道星期、月份的顺序。

		1月				
星期日	星期一	星期二	星期三	星期四	星期五	星期六
1	2	3	4	5	6	7
8	9	10	11	12	13	14
15	16	17	18	19	20	21
22	23	24	25	26	27	28
29	30	31				

找一个旧日历，鼓励孩子在上面标记一些重要的日子和约会。

有一首儿歌可以帮助孩子记住每个月的天数：

4月、6月、9月、11月，30天，
除此之外31天，
2月独特不一样，
平年28天闰年29天。

孩子们也喜欢用手记月份和天数。两手握拳，从左向右数，1月大、2月小、3月大、4月小……数完7月大轮到右手，8月大、9月小……直到12月大。大月（就是高出来的关节）都是31天。

18

第二章 计 算

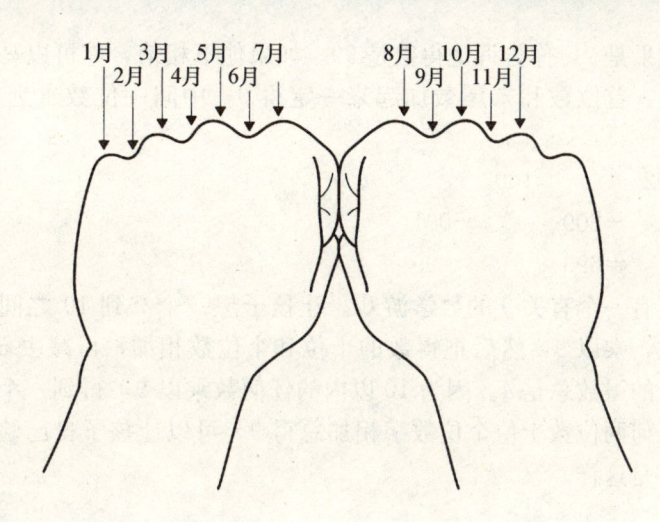

1月 3月 5月 7月　　8月 10月 12月
　2月 4月 6月　　　9月 11月

乐趣与游戏

游戏是在家里学习数学的好方法，孩子几乎感觉不到学习的压力。扑克牌、骰子（可以用两个）、多米诺骨牌、棋盘游戏（如大富翁）等都包含了数数、分类、概率、可能性等数学内容。只要你肯动脑，这些游戏都可以成为很好的学数学的机会。"搭梯子"游戏，可以通过掷骰子练习数数；上下班高峰时间，可以用来解谜和发现规律；惠斯特牌（一种四人两组对打的游戏）可以练习概率；数字迷宫和数独游戏，无论是孩子们自己玩儿还是跟你一起玩儿，都可以学习数感，提高自信。

数字游戏

有一个简单的数字游戏可以让孩子信服你的数学能力。

让孩子随意想一个三位数，数字各不相同，然后让他把这个数字倒过来，用大数减小数，告诉你得数的第一位数是多少。

帮助孩子应对作业

如果是 9，你告诉他得数是 99。如果他不相信，你可以马上演示给他。首位数和末尾数加起来一定得 9，中间一位数永远是 9。例如，

902　　　　100
−209　　　−001
=693　　　=99

还有一个有关 9 的数学游戏。让孩子想一个 2 到 10 之间的任意整数，乘以 9，然后把得数的十位和个位数相加，再减去 5。这个游戏的得数总是 4。因为 10 以内的任何数乘以 9，得到一个两位数。任何两位数十位个位数字相加总得 9。可以让孩子自己验证一下是不是这样。

> **记　住**
> 骰子相对两面的点数相加总是 7。不过，你不要直接告诉孩子，与孩子玩骰子时让孩子猜压在下面的点数是几，引导孩子自己得出结论。

骰子点数加倍

轮到孩子掷骰子时，让孩子说出某个点数的两倍是多少，孩子们不经意就会学会 2 的乘法。

第二章 计 算

> **给家长的提示**
> 对于数字和数学问题,家长不要害怕提自己不知道答案的问题。有时也要让孩子赢你一次,让他体验到帮助你的快乐。

数字挑战

用 1,2,3,4 组成 100 以内的数字,用各种各样的方法练习加、减、乘、除,注意四个数字都要用到。

例如,从 1 开始:

$$12 \div 4 = 3 \div 3 = 1$$

加减法

现在,学校仍然在使用列竖式的方法进行加减法运算,这种标准方法是家长过去常用的方法。不过,心算应该是首选方法。心算鼓励孩子理解数学的意义,而不是把注意力集中在数字上。加数、数轴、拆分是常用到的术语。

加 数

构成一个数的成对数字,如 2 和 3,4 和 1,0 和 5 都是 5 的加数。10 以内的加数非常重要,一定要知道。

有关这个概念,一些孩子接受得很快,一些孩子需要通过数珠子或豆才能懂得。传统的算盘也是很好的工具。

孩子一旦明白了一个数字可以有多种组合,也就理解了加法。

帮助孩子应对作业

懂得了加法，减法也就容易了。

数　轴

还可以利用数轴帮助孩子理解加减法。例如，要让孩子懂得7+3就是从7开始继续往下数3个数，不是从1开始数。这一点在一个标有箭头的数轴上就会一目了然。

如果是更大数目的加减法，可以让孩子们想象数轴上的数字。

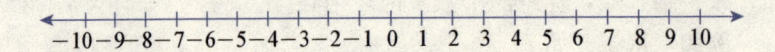

←—–10-9-8-7-6-5-4-3-2-1 0 1 2 3 4 5 6 7 8 9 10—→

拆分数字

数字较大时，最好把它们分成百位数、十位数、个位数，分别排列在一条数轴上。很多成年人把它看成自然而然的排列，并不把它叫做拆分。

加法就是继续往下数，减法就有些难掌握。记住下面这些表述方式：

8-2，就是从8里拿走2。

可能孩子还会问到8比2多多少，2比8少多少，或8和2有什么不同这样的问题。

学校在教竖式时通常把百位、十位、个位分离出来。例如，

```
  534    变成    500   30   4
 - 47           -      40   7
```

这样仍然有一个问题，就是要从30和4中拿走更大的数40和7。这个数还可以继续拆分成

第二章　计　算

```
400      120      14
—         40       7
```

教师寄语

　　我们常用图表示数学问题，这样比较直观，有助于孩子理解。如果数字具有现实意义，孩子对计算结果也就不会有疑问，否则，就仅仅是进行减法运算而已。

给家长的提示

　　学校通常都没有留足够的时间让孩子们做练习，因此，你需要准备一个练习册让孩子做足够的练习，才能确保孩子掌握章节内容。有很多途径可以获得这方面的资料，如从书店买，或从网上下载等。

负　数

　　让孩子懂得负数这个概念的最佳方法是用带有零度标记的室外温度计。有些电梯有地下楼层，也可以说明负数的概念。

教师寄语

　　避免把负数说成"减"，因为这样容易造成混乱。
　　多做一些正、负数游戏，孩子们就会熟悉起来，也就有信心了。
　　$-5×(-3)=15$
　　$5×3=15$
　　$-5-3=-8$

帮助孩子应对作业

乘法口诀表

乘法口诀是计算的基础，一辈子都用得着。但孩子们学起来往往会感到吃力，家长又不知如何帮助他们。别泄气，有一些巧妙的方法可以使它变得容易。

乘法口诀表

可以从画一张乘法口诀表开始：

	1	2	3	4	5	6	7	8	9	10	11	12
1	1	2	3	4	5	6	7	8	9	10	11	12
2	2	4	6	8	10	12	14	16	18	20	22	24
3	3	6	9	12	15	18	21	24	27	30	33	36
4	4	8	12	16	20	24	28	32	36	40	44	48
5	5	10	15	20	25	30	35	40	45	50	55	60
6	6	12	18	24	30	36	42	48	54	60	66	72
7	7	14	21	28	35	42	49	56	63	70	77	84
8	8	16	24	32	40	48	56	64	72	80	88	96
9	9	18	27	36	45	54	63	72	81	90	99	108
10	10	20	30	40	50	60	70	80	90	100	110	120
11	11	22	33	44	55	66	77	88	99	110	121	132
12	12	24	36	48	60	72	84	96	108	120	132	144

第二章 计 算

学习乘法口诀的最佳顺序

从最容易的开始：
- **10**——最简单的一组。给要乘的数后面加一个零。
- **5**——10的一半。或以零结尾，或以5结尾。也可以用手指帮忙。
- **2**——把要乘的数翻倍。低年级孩子多数都喜欢用翻倍、成双、偶数这样的概念。
- **4**——把2这一行翻倍。
- **8**——把4这一行翻倍。从8开始，依次是：8，16，24，32，40，48。
- **9**——有几种模式。十位数依次上升而个位数依次下降：9，18，27，36；十位数比你乘以的数少1，如9×2＝18，9×3＝27，9×4＝36，以此类推。得数的十位数与个位数加起等于9，99除外。见下页的"90个9"的手指游戏。
- **3**——后面的数比前一个数大3，而且都是3的倍数。
- **6**——6与偶数相乘，得数的个位数就是这个偶数，如6×2＝12，6×4＝24，6×6＝36，6×8＝48。
- **11**——很简单，乘以几就双写几，如22，33，44。
- **12**——只有一个数要记，就是12×12＝144。
- **7**——这是最难的一个，记住这个，乘法口诀表就没问题了。

给家长的提示

想一个容易的方法让孩子理解并记住。例如，7×8一般比较难记，但想一想5，6，7，8，也就是56＝7×8。

要让孩子认识到3×8＝24，那么8×3也等于24。24除以8等于3也就不言而喻。

帮助孩子应对作业

"90 个 9" 手指游戏

伸出双手，十个手指从左到右分别代表 1 至 10 十个数字。弯曲某一指头，这个指头代表的数字与 9 相乘的积为：向左数有几个指头，十位数就是几；向右数有几个指头，个位数就是几。例如，弯曲代表 4 的指头，向左数有 3 个指头，十位数就是 3；向右数有 6 个指头，个位数是 6，结果就是 4×9＝36。

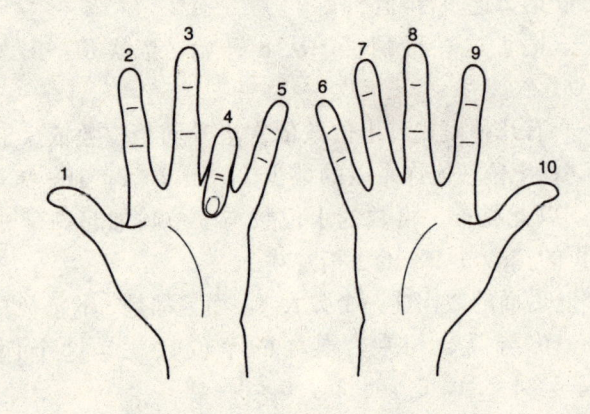

给家长的提示

有时老方法最管用，背乘法口诀表就是这样，对很多孩子都奏效。你可以把它变得有趣一点。跟孩子步行去上学或开车时，可以与孩子一起背诵乘法口诀表。从最容易的开始，一天背一行，互相考一考，速战速决。注意，有时孩子会抓着你的错哟。

第二章 计 算

乘 法

我们上学那阵儿，乘法口诀学完后就要学多位数乘法了。现在学乘法前多了好几个步骤，是为了让孩子们真正弄懂乘法的概念。从理论上讲，这样做孩子不容易出错。

列阵法

这可能是孩子们首先要学到的方法，通常用的是点式列阵。孩子们能很轻松地数出有多少个点，这些点还可以拆分，使计算变得简单。

2×15 可以用下面的点式列阵表示：

· · · · · · · · · · · · · · ·
· · · · · · · · · · · · · · ·

或者分成两组更简单的数字：2×10 加上 2×5：

· · · · · · · · · ·　　· · · · ·
· · · · · · · · · ·　　· · · · ·

方框法

接下来，孩子们要接触到的就是画方框，即把得数写在方框里。这是为了鼓励孩子心算，而不是数点数。

10	5
20	10	2

帮助孩子应对作业

> **教师寄语**
> 为了把乘法讲解清楚，使用排或组这样的概念比较好理解，这样 3×4 就是 3 排 4 组。

网格法

计算较大数字时，可以把方框分割成网状，分别表示十位数和个位数。把分别相乘所得的积填入网格中，然后把所有这些数加起来就得到最后得数。

47×32 就变成了：

	10	10	10	10	7
10	100	100	100	100	70
10	100	100	100	100	70
10	100	100	100	100	70
2	20	20	20	20	14

把所有的 100、70、20、14 都加起来，最后得数是 1 504。

> **给家长的提示**
> 与负数相乘时，记住正数与负数相乘积为负，负数与负数相乘积为正。
> 乘法不一定总把一个数变大。与分数相乘时，得数会变小。例如，$\frac{1}{2} \times 4 = 2$。

第二章 计 算

除 法

数字区块（除法竖式）是当前数学课上使用的最重要的方法之一，包括一系列除数的倍数和余数。举个例子：

```
       35 余 3
   7 ) 248
      −70        7×10＝70
       178
      −140       7×20＝140
        38
       −35       7×5＝35
         3
```

在这个算式中，数字区块，也就是 7 的倍数被减掉。

给家长的提示

　　除法可以用多步减法的概念来理解，也可以用分配的概念。例如，把一袋糖果均匀地分给孩子和他的小伙伴。

　　除法不一定总把一个数变小。除数是分数时，得数会变大。例如，$8 \div \frac{1}{4} = 32$。想象面包店主把 8 个蛋糕每个都切成 4 块卖，总共有多少块？

小 数

小数乘法

最简单的方法就是去掉小数点，当成多位数乘法运算，最后数

帮助孩子应对作业

一下有几位小数并在得数中标出。

2.3×3.8 可以变成 23×38＝874，共有两位小数，得数就是 8.74。

如果算式是 2.3×0.38，共有三位小数，得数就是 0.874。

必要时可用计算器验证一下答案。

小数除法

被除数是小数时，记住给它后面添加零。例如，

2.1÷5

$$5\overline{)2.10}^{\,0.42}$$

当被除数是小数时，把它看成整数，然后用下列步骤进行运算：

1. 列出除式。
2. 弄清楚哪个是被除数，哪个是除数。
3. 给被除数乘以 10，100 或 1 000 变成整数。
4. 将除数扩大同样的倍数。例如，71.13÷0.2 变成 711.3÷2.0。

试一试 7.5÷0.02 和 6÷0.003，并用计算器检验结果。

乘以或除以 10，100 或 1 000

一个数乘以或除以 10，100 或 1 000 时，一个重要的技巧就是要让孩子看出小数点位置的变化。做下面的练习，注意用移动小数点位置的方法。

21.71×10　　81.14÷10

54.82÷10　　1.2×100

第二章 计 算

79.63×100 $5.1 \div 100$

> **教师寄语**
> 有时候，耐心等一等是值得的。孩子们出现的一些数学问题，有时完全是由于还没到完全理解的那个阶段。耐心等一等，到了那个阶段，孩子们自然会明白。

分　数

假分数

假分数就是分子大于分母。

带分数

通常学校要求孩子们把假分数化成带分数。例如，$\frac{10}{3}$ 可以化成 $3\frac{1}{3}$。

或者，也可能要把带分数化成假分数。

分数乘法

把分数线上面的数和下面的数分开看。分子与分子相乘，分母与分母相乘。

$$\frac{1}{7} \times \frac{2}{3} \times \frac{2}{21}$$

记住，还可以先交叉约分，把分数变成最简分数，然后再相乘：

$\frac{4}{7} \times \frac{14}{16}$ 变成 $\frac{1}{1} \times \frac{2}{4} = \frac{2}{4} = \frac{1}{2}$　　4 与 16 约分，7 与 14 约分，使乘法算式变得简单许多。

> **教师寄语**
>
> 　　带分数相乘时，不能将整数与整数相乘，分数与分数相乘，必须把带分数化成假分数，然后再相乘。例如，
>
> $$1\frac{1}{3} \times 2\frac{1}{4} = \frac{4}{3} \times \frac{9}{4} = \frac{1}{1} \times \frac{3}{1} = 3$$

分数除法

　　将除数分子分母的位置颠倒，除号变乘号，然后按乘法进行运算。例如，

$$\frac{2}{5} \div \frac{1}{4} \text{ 变成 } \frac{2}{5} \times \frac{4}{1}$$

　　含有带分数的算式也一样。先把带分数化成假分数，然后改变运算符号并把后面的分数分子分母相颠倒。例如，

$2\frac{1}{2} \div 1\frac{1}{4}$ 变成 $\frac{5}{2} \div \frac{5}{4}$，然后再变成 $\frac{5}{2} \times \frac{4}{5} = \frac{1}{1} \times \frac{2}{1} = 2$

百分数

1. 对于 140 的 20% 这样的概念，学校使用的标准方法是把它变成

$$\frac{20}{100} \times \frac{140}{1}$$

第二章 计 算

然后按分数乘法进行化简。

2. 不过，还有更简单的方法。大多数人经常会计算一个数的 50% 或一半，其实 10% 也一样简单。$10\% = \frac{10}{100} = \frac{1}{10}$，也就是除以 10，或者把小数点向左移一位。

例如，一件物品的单价是 2.80 元，有 10% 的折扣，其折扣应该是 2.80÷10＝0.28 元。

知道 10%，20% 也就容易了，其实就是两个 10%。30%＝10%×3，60%＝10%×6，以此类推。

另外，5% 就是 10% 的一半，那么 $2\frac{1}{2}$% 就是 5% 的一半。

3. 从 1% 到 9%，先算出 1%：

$1\% = \frac{1}{100}$，也就是除以 100，或把小数点向左移两位。

知道 1%，给它乘以 2，3，4，…，就得到其他几个百分比是多少了。

4. 要计算 65%，把它拆成 50%，10% 和 5% 来算。

教师寄语

有机会接触到百分数时，尽量让孩子算，注意不要用太复杂的方法。

比 率

可以通过画图表示比率。如，一个班有 30 个学生，每两个男生对应三个女生，可以通过画图计算出男女生各多少人。用带颜色

帮助孩子应对作业

的点会更清楚。

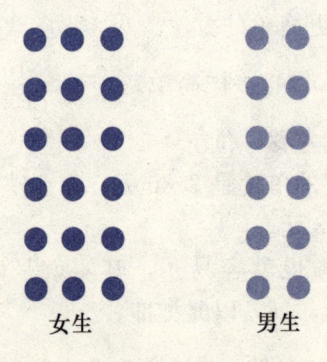

女生　　　男生

图　形

图形就是家长过去学的几何。因为日程生活中到处都可见到各种有趣的图形，所以很容易学。

孩子们要认识的一些图形是：

三角形——有三条边，三个内角和等于 180°。**等边三角形**的三个角、三条边都相等。**等腰三角形**有两条边相等，两条边相对应的两个角也相等。**直角三角形**有一个角是 90°。**不等边三角形**三条边各不相等。

四边形——有四条边的图形都包括在内。

正方形——四条边相等，四个角都是直角。

矩形——有四条边，对边相等，四个角是直角。

平行四边形——有四条边，对边平行且相等。

风筝形——有四条边，边不相等，对角相等。

菱形——四条边相等，对角相等。

梯形——有四条边，其中一对边平行，但不相等。

第二章 计 算

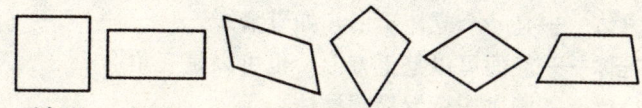

正方形　矩形　平行四边形　风筝形　菱形　梯形

五边形——有五条边，生活中不太容易找到。找一根生一些的香蕉，不要剥皮，切下一块，它的横截面有点像不规则的五边形。

六边形——有六条边。蜂巢是由六边形组成的，足球上也有这种图形。

七边形——有七条边。50便士和20便士的硬币都是七边形。

八边形——有八条边。过去那种瓦房和古老的教堂可以见到这种图形。

十边形、十二边形很少见。

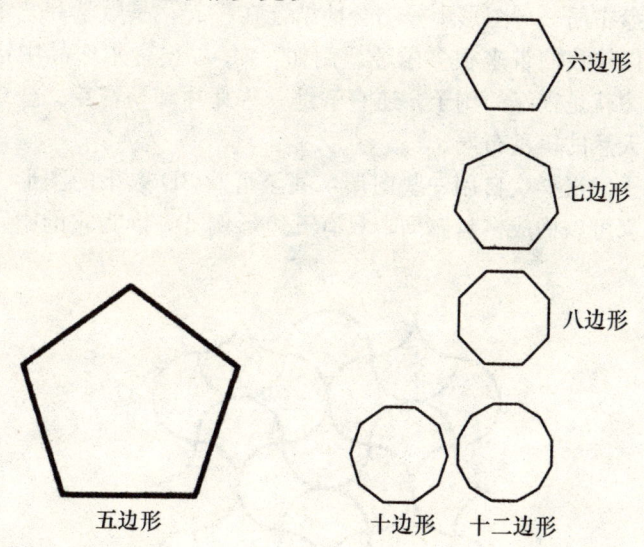

六边形

七边形

八边形

五边形　　十边形　十二边形

3D 图形

立方体——每个面都是正方形，如骰子。

35

帮助孩子应对作业

长方体——是一个立体矩形，如鞋盒子。
棱锥体——底面可以是正方形，也可以是三角形。
圆柱体——圆饼干桶就是圆柱体。

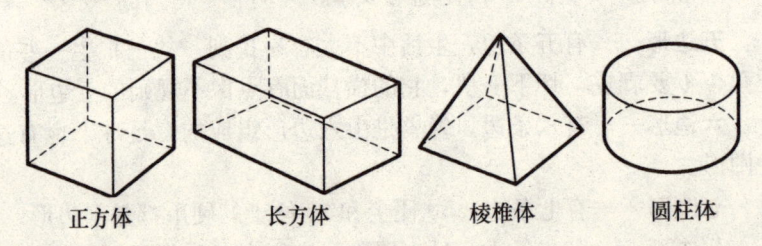

正方体　　　长方体　　　棱椎体　　　圆柱体

棋盘布局

棋盘布局——图形十分吻合地结合在一起，是数学和艺术的巧合，可以给我们带来很多乐趣。例如，M.C.埃舍尔作品中错综复杂的图案就是很好的例子。还有就是一些瓦片和马赛克。蜜蜂的蜂巢也是天然的棋盘布局。

孩子们很喜欢自创一些图形，甚至喜欢 3D 效果的图形。大多数图形都可以构成棋盘布局，只有五边形例外，因为它的中间会出现空隙。

第二章 计算

> **给家长的提示**
>
> 与孩子一起找一找、认一认各种图形，你很快会发现有些图形很普遍，但也有一些不太容易找到。

面积与周长

为了不混淆这两个概念，最好用一条线测量周长。你可以协助孩子测量家中各种物品的周长，看哪个最长。

在学校，孩子们开始学习测量面积时是在布满小方块图形的纸上画出矩形和三角形，然后数这些图形占多少个小方块（也包括半块方块）。

旋转对称

旋转对称指的是，把一个图形旋转到某个位置，这个图形就与自己完全对称了。实际上就是一个图形要与自己对称在360°内进行旋转所需的旋转次数。例如，一个正方形的对称旋转次数是4，矩形是2。也就是说，一个图形旋转时，要想与自己一模一样，每次旋转90°，需要旋转几次。

角

通过游戏练习角的测量。

首先让孩子任意画几个角，锐角、任意角、钝角，然后制一张表。用量角器测量这些角之前，与孩子一起猜一下每个角的度数，得分就是猜测的度数与实际度数之差，谁的得分低谁赢。可以多玩

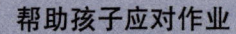

几次这个游戏。

角	孩子猜的	你猜的	测量的	孩子得分	你的得分
1	45°	40°	42°	3	2
2					
3					
4					
5					

角的游戏

在纸上画一个任意三角形，然后把它裁剪下来，再切分成三块，注意保留原来的三个角。把这三个角拼在一起，你会发现它们会形成一条直线。这是因为三角形的三个角加起来等于180°。

测　量

有些孩子测量直线也很费力，主要是因为他们总是把尺子的顶端放不到准确的位置，或量不到正确的地方。

你在家里测量一些生活用品时，如窗帘、地毯等，应鼓励孩子跟你一起做。还可以测量门或其他器具的高度。身高图也是一种很好的测量和对比身高、增长率和不同刻度的工具。

数据统计

现在，电脑可以快速地把数据转换成图表，这样一来，学校的

第二章 计 算

重点就要放到数据项目的设计和数据收集上了。

你可以跟孩子一起设立一些非正式的项目。比如,调查过往车辆的颜色。还需要思考展示信息的最佳方式。是用饼形图好,还是柱状图好?还是用其他图表表示好?

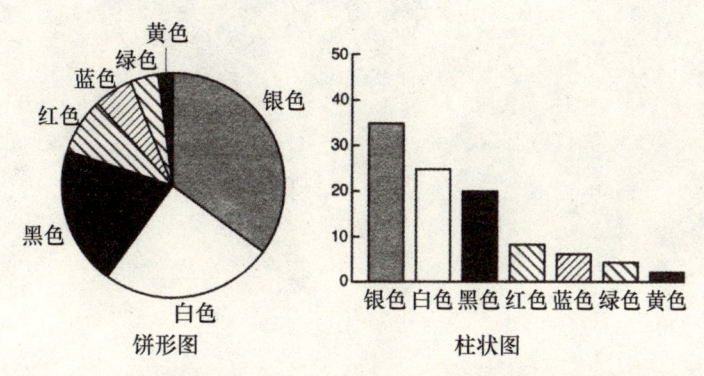

饼形图　　　　柱状图

另外,也可对书中每一行有多少个单词、单词长度进行统计。还可以比较不同报纸单词的平均长度。

> **给孩子辅导数学的五个要点**
>
> 　　练习乘法口诀表。尽可能使它变得有趣,并确保孩子理解了。
> 　　熟悉 1 至 100 的平方数。这与乘法口诀同样重要。
> 　　使数学和数字成为日常生活的一部分。越熟悉,孩子越有自信。
> 　　绝不要说你不喜欢数学这样的话。
> 　　从数字中得到快乐。数字与文字同等重要。

第三章

读 写

帮助孩子应对作业

养成阅读的好习惯就是为自己建造了一个几乎可以避免所有痛苦的避难所。

——毛姆

让读书变得有趣

家长除了害怕数学作业外,最惶恐不安的恐怕就是阅读了,也就是如何使孩子对书感兴趣。

要想让你的孩子文章写得通顺流畅,就应该注意在学习各门功课时扩展他们的词汇,提高他们的表达能力。这就需要孩子能满怀信心地阅读并充分理解阅读内容。如果你问任何一位小学老师"小学阶段最应该鼓励孩子做的事是什么?",他们几乎都会回答"多读点书"。

> **教师寄语**
> 家长爱读书、家里有书读的孩子更容易成为喜欢读书的人。

一起读书

- 每天给孩子朗读一段,使读书成为日常生活的一部分。
- 找一个舒适安静的地方读书。
- 使书变得有趣,用生动的语气和表情表演书中故事。
- 鼓励小孩根据故事做出一些声音反应。
- 孩子大些可以自己读书时,与孩子一起选择要读的书并轮流朗读。
- 给年龄大一些的孩子读有章节的书,吸引他们读下去。

第三章 读 写

- 与孩子探讨书的语言特点以及表现手法。
- 即便是很小的孩子也会描述插图，或讲解故事情节。
- 问小孩接下来会发生什么，为第二天的阅读作铺垫。
- 与孩子讨论书中人物。问他们喜欢谁，为什么；不喜欢谁，又为什么。
- 讲故事的时候也是增进对孩子的了解的好时机，家长可以了解到孩子关心的话题或内心的焦虑。

选择书

- 把选购书变成一种优待。
- 孩子生日或节日时，把书作为礼物送给孩子。
- 专门制定去书店或图书馆的计划。
- 密切关注当地图书馆的自由讲故事时段。
- 关注哪位作家将莅临书店。
- 留出时间与孩子谈谈他们想要选择的书。
- 思考什么类型的故事或非小说类书籍会吸引你的孩子。
- 如果你不放心，可以提前去看看有什么书可选择。
- 如果你遇到困难，可以询问书店服务员或者图书管理员。
- 请孩子的老师推荐书目。
- 与别的家长聊聊，看他们的孩子喜欢看什么书。
- 如果你的孩子注意力容易分散，可以选择互动式书籍，这样他们可以参与到故事里。也可选择那些有活动任务和字谜题的书。
- 切记不是所有的孩子都按同一速度阅读，最重要的是他们得喜欢所读的书。也许这些书在你看来有些幼稚、简单，这其实无关紧要。

帮助孩子应对作业

给家长的提示

一些孩子的阅读能力不如他们的词汇和理解能力强。你可能会发现你的孩子独自阅读有些困难,可以选择有声故事书以保持他们的阅读兴趣,等他们的阅读能力跟上后再选择其他书。

不要:

- 排斥连环画和笑话故事类书。这些书可以作为良好的开端,特别是孩子喜欢里面的图画和动作。

要:

- 只从一旁鼓励,避免唠叨。
- 关注系列丛书出版情况和孩子喜爱的作者的书讯,鼓励孩子继续读下去。
- 充分利用电影或电视小说。如果孩子对某个电影或电视节目感兴趣,正好可以引导他们读此书。
- 对不太喜欢读书的孩子,可利用趣味性强、生词少的书吸引他们的注意力。
- 不要忘了电脑、电子新技术,如电子书(或电纸书)、在线读书群对一些孩子具有很大吸引力。
- 让孩子看到你在津津有味地读书。

阅读方案与教学方法

不同的学校采用的阅读方案和教学方法都不一样,而多数学校热衷于把家长纳入其中,并积极为家长讲解阅读方法。至少,你会发现你的孩子会把各种各样的书和阅读记录带回家要你协助完成。

调查表明,当学校的阅读方案扩大到"真实"书目和家庭的其他阅读材料时，孩子们的学习效果最佳。

从阅读中受益

小　说

在孩子阅读的过程中，帮助孩子认识语言、篇章结构和意义，要从小鼓励他们描述课本上的插图并解释发生了什么，还要鼓励他们把故事讲出来。学会预测情节发展或推测人物动机，不仅能使孩子对故事更感兴趣更投入，还能帮助他们理解故事。

孩子们开始写故事时要特别注意以下几点：

1. 读孩子写的故事时不要害怕指出缺点。你喜欢什么，不喜欢什么，都要跟孩子说出来。

2. 仔细分析人物。问孩子喜欢谁，不喜欢谁，作者为什么把他们刻画成某种性格特征，人物的动机是什么。

3. 孩子复习课本时，让孩子思考：作者常常用到什么技巧来引发读者的反应。

另外，要与孩子讨论插图的用途：插图只是展示发生了什么，还是带给你更多信息？让孩子设想一个人物或场景，看看他的描述与想象是否吻合，配上插图会怎样？一些孩子或许更喜欢自己想象的画面。

> **教师寄语**
>
> 　　好好想一想你的孩子喜欢什么书（作者和体裁），有什么方法可以发展或挑战孩子的喜好？比如，在长长的假期来临之际，孩子们可能会瞄准四种书——新作家的书或不同体裁的书，一直读到开学前。家长可以引导孩子适当扩大阅读范围，挑战一些新的阅读领域。

帮助孩子应对作业

读之前先查找以下信息

- 特殊的字或词。
- 描述性的词或短语。
- 需要查字典的生词。

同时

- 观察作者如何用语言制造气氛和画面。
- 讨论你读到的道德两难问题。
- 讨论到目前为止发生了什么,下面将发生什么;作者提供了什么线索;这些线索如何帮助你理解故事。

查找以下相关术语

寓言——用一段文字,传达另一种更深奥的意义或道德。

明喻——比喻的一种,比较两种东西,通常是把人比成物,常使用"如"、"像"这样的词。例如,他怒气冲冲像打雷,跑起来像一阵风。她的脸像纸一样白。

暗喻——一种浓缩的比喻,不出现"如"、"像"这些词,直接用词或短语描述一个人或物,而它们本身并不是这些词所说的事物。例如,那位老师是条龙。那条河蜿蜒穿过山谷。

同义词——意思相近的词。例如,能力、才能是同义词,都表示有能力的意思。同义词词典中有很多这样的例子。同义词很有用,写作时为了避免重复常用到同义词。

反义词——意思相反的词,例如,渺小和巨大、强和弱等。

双关语——一种修辞手法或文字游戏,利用词的多义或同音(音近),有意使语句有双重意义。例如,"Without geometry, life is pointless"（没有几何，生活就毫无意义）；"A backward poet wrote inverse"（落后的诗人倒着写诗）。

似是而非的隽语——一种看似自相矛盾的表述，却蕴含着深刻的道理。例如，欲速则不达。

夸张——故意夸大事实以达至某种效果。例如，"We waited in the queue for days"（我们排了几天队了）；"I could eat a horse"（我饿扁了，能吃下一匹马）。

矛盾修饰法——一个短语，里面的词或词义相互矛盾。例如，"a silent cheer"（默默喝彩），"an open secret"（公开的秘密）。

陈词滥调——一些短语或表达，本来是很好的比喻，但被用得过多已失去新意。例如，很久很久以前……

同义反复——指重复使用相同意义的词。例如，额外增加、原因是因为等。看看你还能在新闻报道、广告、日常对话中找到多少这样的表达。

诗　歌

我们最早与孩子一起读的一些书都是有韵律的。字词的韵律、节奏对儿童很有吸引力，容易记忆。随着年龄增大，他们会喜欢诗歌和歌曲。读诗能增加孩子的词汇量，一些有韵律的字词游戏能提高他们的语言流利程度。

孩子读诗歌时问问他们诗歌的类型：
- 押韵吗？
- 是叙事性诗吗？
- 是废话诗吗？
- 是俳句吗？
- 是形体诗吗？

俳句——俳句是日本的一种传统诗歌形式，很盛行。俳句有三

帮助孩子应对作业

行,很少押韵,首行和尾行都是五个音节,中间一行有七个音节。

传统上俳句语言通俗易懂,说的都是动物或自然界的事物,用来记录特殊事件或描述事物。

形体诗——就意义表达而言,这种诗的字词排列与意义同样重要,也被称作有形诗或图案诗。它们也有节律(虽然这不是最重要的),是一种古老的诗歌形式,最早的形体诗可追溯到公元前300年希腊诗人塞米斯·罗德的诗。他的诗模拟斧头的形状,旨在再现当年古希腊联军通过建造特洛伊木马里应外合进入并占领特洛伊的情景。

查找以下相关术语

头韵——重复音在开头(通常是辅音),主要是为了营造一种气氛和感觉。头韵也常用在绕口令和广告词里,如 "She sells seashell on the seashore"(她在海边卖贝壳);"You'll never put a better bit of butter on your knife"(你永远不会把好黄油抹在刀上)。

谐音——与头韵相似,只不过谐音重复的是原音,辅音不相同,目的是为了提升效果。例如,"On a proud round cloud in a white high night"(一个天高云淡的夜晚,在一朵圆圆的充满自豪的云朵上面);"Season of mists and mellow fruitfulness"(薄雾季节,硕果甘甜)。

意象——把一种事物比作另一种事物,目的是为了在大脑中产生栩栩如生的图像或感觉。明喻和暗喻都有助于产生意象。

拟人——一种把人的个性与动物或物体联系起来的比喻的说法。例如,"The wind spoke of far flung shores"(微风对远处的海岸诉说着)。

拟声——通过字词的声音进行描述。例如,"swish"(嗖嗖),"buzz"(嗡嗡),"mumble"(咕噜),"miao"(喵喵)。

第三章 读 写

非小说体裁的书

如果你发现你的孩子也喜欢读一些非小说体裁的书,选择能吸引他们注意力的读物尤为重要。

非小说体裁的书也可以用作完成功课和一些项目的参考书,学会快速查找有用信息,是一项很重要的技巧。

- 查找信息——学会浏览,找出关键词或词组。
- 借助章节题目和标题。
- 研读插图以及题注。
- 注意人名、地名和日期。
- 孩子长大些,要鼓励他们边阅读边做笔记,这样做不仅有助于记忆,还可以培养良好的阅读习惯,这对他们学习日趋复杂的功课很有帮助。
- 利用所做笔记收集某些事件或观点的论据。
- 一些报纸,尤其是周末版,通常都有一些供小孩子阅读的故事、信息、字谜、活动等,可以充分利用这些板块。
- 注意报纸对同一新闻的不同报道,注意不同表达方法。

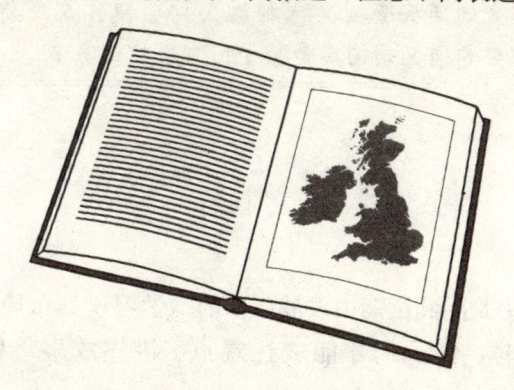

帮助孩子应对作业

> **教师寄语**
> 为了帮助孩子理解，请与孩子一起读报纸和杂志上的广告，注意一些广告的用词，分析那样用要达到什么目的，还有什么信息没告诉你。

词　典

- 养成遇到生词查字典的习惯。图解词典对小孩来说更有趣。
- 专业词典也很有用，它们包含了许多野生动物、科学、历史等信息。
- 拿一本词典玩"随便查"游戏，学习查字。
- 查字典能帮助小孩自动把字母和单词按顺序排列。
- 与孩子轮流查字典。一个人查，另一个人猜意思，看谁查的词最难猜。如果能养成每天一词的习惯，日久天长会有很大收效。

> **教师寄语**
> 利用同义词词典查同义词和反义词会使作文变得更生动有趣。在线词典和同义词词典是孩子们常用的工具书。

英文写作

写作能力是随阅读能力发展起来的。学习谋篇布局、拼写、语法、标点符号，孩子们才能表达观点、讲述故事、写信甚至写小说。

第三章 读 写

英文拼写

学习拼写其实就是要记住这个字或词。
- 认真仔细地把生词读几遍。
- 试着通过记忆写下来。
- 检查是否与原词有出入。
- 把写错的词再写一遍。
- 过一小时后重新这样做一遍，再核对。
- 如果全都对了，第二天再这样做一遍。

隔几天复习一遍，孩子就能牢记这些词。

有用规律

英语单词中不完全按读音拼写的词占 10% 以上。所幸的是，这些单词也有一些规律可循。

e 来到 i 前
当 e 来到 i 前，不出现在 c 之后，
都发字母 a 的音，
如 neigh，weigh 和 sleigh。

记住：Receive a piece of pie.

还需记住：
当 e 来到 i 前，不出现在 c 之后，
weird（奇怪的）发音不变。
发字母 a 的音的单词还有 neighbor，height，foreign，heir，

51

forfeit 等。因此，可以总结为是：

当 e 来到 i 前，不出现在 c 之后，都读 "ei"；

出现在 c 之后只有一个读音 "ee"。

大家都知道的一个例外是 "friend"，可以这样记：

你永远需要朋友在后面支持你。

发 "ee" 音的词还有 protein，seize 和 caffeine 等。

例 外

- 当 i 来到 e 之前，出现在 c 之后时，"c" 发 "sh"，例如，species，ancient 和 efficient。
- 以 "cy" 结尾的词，复数形式为 "cies"，读音则不同。例如，delicacy/delicacies（佳肴），fancy/fancies（爱好），policy/policies（政策）。

是 "-eed"，还是 "-ede"？

- 以 "ex"，"pro"，"suc" 开头的单词，后面总会跟 "-eed"，比如，exceed（超过），proceed（继续进行），succeed（成功）。
- 除了上面的情况，其他情况跟 "-ede"，比如，concede（让步），intercede（调停），precede（领先）。

复 数

一般是在单词词尾加上 "s" 表示名词的复数，但并不是全部如此。

- 以 "s"、"x"、"z"、"ch"、"sh" 结尾的单词，加 "es"。例如，pass/passes（通过），fox/foxes（狐狸），buzz/buzzes（嗡嗡

声), church/churches (教堂), push/pushes (推)。

● 辅音字母加"y"结尾的单词, 把"y"改成"i"加"es"。例如, fairy/ fairies (童话), party/parties (晚会, 派对), bully/bullies (恶霸)。

● 元音字母加"y"结尾的单词, 保留"y"加"s"。例如, day/days (天, 日), delay/delays (推迟), monkey/monkeys (猴子)。

以"o"结尾的单词, 在词尾加"s"或者"es"。

● 以元音加"o"结尾的单词, 加"s"。例如, studio/studios (工作室), stereo/ stereos (立体声), piano/pianos (钢琴)。

● 以"o"结尾的单词也有例外, 加"es"。例如, echoes (回声)。

● 以"o"结尾的单词, 加"s"或者"es"都可以。例如, avocados/ avocadoes (鳄梨), ghettos/ghettoes (平民区), mementos/mementoes (纪念品)。

● 有些词单、复数形式一样, 例如, species (物种), sheep (绵羊), fish (鱼), aircraft (飞行器, 飞机)。

● 有些词变化很大。例如, child/children (孩子), goose/geese (鹅), mouse/mice (老鼠)。

以"f"、"fe"结尾的单词:

● 大多数以"f"结尾的单词, 变"f"为"v"加"es"。例如, calf/calves (牛犊), wife/wives (妻子), thief/ thieves (小偷), loaf/loaves (块)。

● 也有一些例外, 直接加"s"。例如, roofs (屋顶), beliefs (信仰), chiefs (首领)。

● 还有一些例外, 如 hoofs/ hooves (蹄), wharfs/wharves (码头)。

帮助孩子应对作业

- 以"ff"结尾的单词，加"s"。例如，cliff/cliffs（悬崖）。

加前缀

常见的前缀有"mis"、"dis"、"un"、"in"，直接放在单词前面，不加、减任何字母。例如，mis-understand（误解），mis-spell（拼写错误），dis-appear（消失），dis-satisfied（不满意的），un-successful（不成功的），un-necessary（不必要的），in-secure（不安全的），in-excusable（不可原谅的）。

> **教师寄语**
> 孩子们在学习这些单词的发音时需仔细听辨读音和重音。

加后缀

后缀加在单词的后面，规则比较复杂。
双写末尾辅音字母的情况：

- 重读闭音节词，例如 flat/flatter（平坦的）。
- 后缀以元音开始时要，例如"er"、"ed"、"able"、"ing"。
- 以"l"结尾，后缀只有一个原音，例如 travel/traveling（旅行）。
- 多音节词，重音在第二个音或元音上，例如，begin/beginning（开始），admit/admitted（承认）。

重音在第一个音节或第一个元音上，不需要双写。例如，en-ter/entered（进入），happen/happening（发生）。

以不发音的"e"结尾：

- 以辅音开头的后缀，保留"e"。例如，hopeful（充满希望的），completely（完全地）。

- 以元音开头的后缀，去掉"e"。例如，hoping（希望），competing（竞争）。
- 也有例外，保留"e"使原音拉长，例如，saleable（畅销的）。
- 保留清辅音"c"，"g"后面的"e"，例如，noticeable（显著的），manageable（可控制的），peaceable（和平的）。
- 以"oe"结尾的词，保留"e"，例如，canoeing（划独木舟）。

以"y"结尾的单词：

- 辅音加"y"结尾，变"y"为"i"，例如，envy, envied（羡慕）。
- 后缀是"ing"，保留"y"。例如，cry, cries, cried, crying（哭）。
- 原音加"y"结尾，保留"y"。例如，annoy, annoyance（惹恼）。

以"ac"或"ic"结尾的单词：

- 在词尾加"k"。例如，traffic/ trafficking（正通行），pinic/ pinicked（野炊）。

以"ll"结尾的单词：

- 以"ll"结尾的单词，构成合成词时去掉一个"l"。例如，all+though=although（尽管），full+fill=fulfill（实现）。

同音异形词

同音异形词读音相似，拼写不同，意思也不同。请看下面这些例子：

aloud（大声）与 allowed（允许）

bare（裸露的）与 bear（熊）

55

帮助孩子应对作业

beach（海滩）与 beech（山毛榉）
boy（男孩）与 buoy（救生衣）
fair（公平的）与 fare（车费）
hair（头发）与 hare（兔子）
here（这儿）与 hear（听见）
know（知道）与 no（不）
pair（对，双）与 pear（梨）
plain（平原）与 plane（飞机）
read（读）与 reed（芦苇）
red（红色）与 read［读（过去式）］
see（看见）与 sea（大海）
there（那儿）与 their（他们的）
too（也）与 two（二）
weather（天气）与 whether（是否）
where（哪儿）与 wear（穿）
which（哪一个）与 witch（女巫）
would（会）与 wood（木头）
write（写）与 right（右）

教师寄语

　　孩子们书读得越多，拼写、语法、标点就会掌握得越好。好作文来自广泛的阅读。

同形异义词

　　有些词拼写相同，但意思完全不同，尽管有时读音也不同。例如，bass＝a sea fish（鲈鱼），bass＝a deep voice（低音部）。

第三章 读 写

practice（练习，名词）还是 practise（练习，动词）?

两个都是对的。不过，你知道如何选择吗？

- 有"c"的是名词，例如，"I have finished my piano practice"（我完成钢琴练习了）。
- 有"s"的是动词，例如，"I practised the piano"（我练习弹钢琴了）。

即便如此，有时也很难用对词。

> **给家长的提示**
>
> 试着用 advice 或 advise 替代 practice 或 practise，因为这两个词的读音不同，更容易掌握。例如，
>
> 比较"I adviced for an hour"和"I advised for an hour"（我建议了一个小时）两个句子，显然后者是正确的。因此就知道应该说"I practised for an hour"（我练习了一个小时）。

affecting effect（影响效果）

affect（影响）是动词，effect（效果）是名词，可用 raven 一词帮助记忆。

r emember（记住）
a ffect（影响）
v erb（动词）
e ffect（效果）
n oun（名词）

57

帮助孩子应对作业

stationary stationer（静止的文具店）

为了区分 stationary 和 stationer 这两个词，可采用下面的助记方法。

station（车站、驻地）静静地伫立——这就是 stationary（静止的、不动的）。

stationer（文具店）卖文具（stationery）。

或者记住：笔是 stationery（文具），停泊的汽车是 stationary（静止的）。

desert desserts（沙漠甜点）

沙漠 desert 是沙子（sandy），只有一个"s"。

甜点有两个"s"，因为通常会说 sweet stuff（甜食），strawberry shortcake（草莓松饼），two helpings of pudding（两客布丁）。

助记术

有些单词的拼写似乎不合乎任何规则，只能按字母逐个记忆。你或许还记得学生时代的一些助记术，这些助记术对孩子们仍然有用，并且很有趣。

argument（争论）

argue 在争论（argument）时丢掉了"e"。

arithmetic（算数）

房子里的老鼠可能会吃掉冰淇淋（A Rat In The House Might

Eat The Ice Cream)。

ascertain（确认）

你确认一个事实的时候，总是要尽可能肯定（As Certain）。

beautiful（漂亮的）

大象通常很漂亮（Big Elephants Are Usually BEAUtiful）。

because（因为）

大象总能理解小象（Big Elephants Can Always Understand Small Elephants）。

chaos（混乱）

龙卷风、飓风和其他任何风暴都会制造混乱（Cyclones, Hurricanes And Other Storms create chaos）。

committee（委员会）

会议太多很浪费时间，人人精疲力竭（Many Meetings Take Time-Everyone's Exhausted）。

difficulty（困难）

D夫人，I夫人，FFI夫人，C夫人，U夫人，LTY夫人（Mrs. D, Mrs. I, Mrs. FFI, Mrs. C, Mrs. U, Mrs. LTY）。

diarrhoea（拉肚子）

快跑，不然就麻烦了（Dash In A Real Rush. Hurry Or Else

Accident)。

doubt（疑惑）

有疑惑是很自然的（It's only natural to be in doubt）。

eczema（湿疹）

干净的斑马也会长湿疹（Even Clean ZEbras MAy get eczema）。

geography（地理）

艾森豪威尔将军的老爷爷昨天骑着一头猪回家（General Eisenhower's Old Grandfather Rode A Pig Home Yesterday）。

hear, here（听，这儿）

用耳朵听（h-ear，听）。

innocent（无罪的）

在任何时代杀人都是有罪的（IN NO CENTury is murder an innocent crime）。

mnemonics（记忆术）

记忆术现在抹去了人类的老仇人——大脑储存量不足（Mnemonics Now Erase Man's Oldest Nemesis: Insufficient Cerebral Storage）。

necessary（必要的）

远离薯片、沙拉三明治，才会永葆青春（Never Eat Crisp, Eat Salad Sandwiches And Remain Young）。

success（成功）

成功需要两个"c"。

mississippi（密西西比）

M 夫人，I 夫人，SSI 夫人，SSI 夫人，PPI 夫人（Mrs. M, Mrs. I, Mrs. SSI, Mrs. SSI, Mrs. PPI）。

ocean（海洋）

只有猫的眼睛很狭长（Only Cats Eyes Are Narrow）。

people（人们）

人们疯狂地吃别人吃剩的饭菜（People Eat Other People's Leftovers Eagerly）。

potassium（钾）

一杯茶，两块糖（One Tea And two Sugars）。

principled principals（有原则的校长）

校长是你成长的伙伴，尽管，他施行的是管理你的规则（Your princiPAL is your PAL, while the ruLES he enforces are called principLES)。

rhythm（节奏）

节奏使你的屁股动起来（Rhythm Has Your Two Hips Moving）。

separate（分割，分离）

萼片 A 老鼠 E（SEPal A RAT E）。

slaughter（屠杀）

"屠杀"只是在大笑的前面加了"s"（Slaughter is simply laughter with an 's' at the start）。

subtle（微微的）

微微的，静静的（Be subtle, be silent）。

there or their（那儿，他们的）

哪儿？要么是这儿，要么是那儿。"那儿"里面有"这儿"（There is either HERE or THERE and HERE can be found in THERE）。

继承人在继承他们的财产之前是嗣子（A person is an HEIR before they inherit THEIR fortune）。

together（一起）

如果你去接她，你们就会在一起（If you go TO GET HER, you'll be together）。

第三章 读 写

wednesday（星期三）

我们汤节不喝汤（WE Don Not Eat Soup DAY）。

woolly（毛线衣）

w，双 o，双 l，y。可用相同的方法记 coolly 这个词（凉爽的）。

> **给家长的提示**
> 孩子们也喜欢自创一些助记术，越是听起来离谱越容易记。

语 法

句子中的各类词有不同的名称，这就是"句子成分"。有一首老诗可提示你它们在句子中的作用：

句子成分

事物的名称是名词（Every name is called a Noun），
如田园，喷泉，街道，小镇（Like field and fountain, street and town）。

代替名词用代词（In place of a noun the Pronoun stands），
他、她、它齐拍手（For he, she and it can clap their hands）。

形容词描述物（An Adjective describes a thing），

帮助孩子应对作业

如有魔力的手杖、长羽毛的翅膀（Like Magic wand and feathered wing）。

动词表示动作和行为（The verb means action, something done），
读、写、走、跑动起来（To read, to write, to walk, to run）。

描述方式用副词（How things are done, the Adverbs tell），
快、慢、坏、好都可以（Like quickly, slowly, badly, well）。

介词通向某地点（A Preposition shows relation），
如在街道上，在车站（Like in the street, or at the station）。

连词连接词句和短语（Conjunctions join in different ways），
方式各异不可缺（Sentences, words, or thought and phrase）。

表达惊叹插入语（The interjection suggests surprise），
噢！多壮丽！我的天！你好聪明！（As Oh! How splendid! Oh my! You're wise!）

牢记这首打油诗（Through poetry we learn how each），
句子成分没问题（Of these make up the parts of speech）。

名词和动词

我们说话的时候，多数人会自动形成句子逻辑，不用专门想这个问题。不过，拿一些好的书面语来分析它们的句子成分是很值得的。

第三章 读 写

简单句至少要有一个名词和一个动词。表示人或物的名词做句子的主语，动词表示动作或行动。很多句子还带有一个直接宾语，这是第二个名词，表示动作的对象。

例如，在简单句"Tom threw the ball"中，Tom 是主语，threw 是动词，the ball 是直接宾语。

普通名词——是普通事物、人、地方的名称，能在前面加"a"，"an"，"the"这些冠词的一般都是普通名词。例如，teenager（青年），island（岛屿），computer（电脑），dog（狗）都是生活中常见的例子。因为是普通名词，所以不需要大写，只有出现在句首时才大写。

专有名词——指特殊人物、地方、事物，首字母总要大写。从下面这些例子中可以看出专有名词与普通名词的区别：

普通名词	**专有名词**
teenager（青少年）	Ted（泰德，人名）
girl（女孩）	Elizabeth（伊丽莎白，人名）
country（国家）	France（法国）
island（岛屿）	Bermuda（百慕大群岛，地名）
computer（电脑）	MacBook（苹果笔记本电脑）
coffee shop（咖啡馆）	Starbucks（星巴克）
dog（狗）	Lassie（莱西，人名）
month（月）	May（5月）
town（小镇）	Ashford（阿什福德，地名）
city（城市）	Rome（罗马，地名）

另外，日期、节日、重大历史事件（如战役）、宗教术语也要大写。

抽象名词——表示思想、感觉、经历的名词，看不见也摸不着，不像物体实实在在存在。例如，kindness（仁慈，和蔼），ex-

65

帮助孩子应对作业

citement（兴奋），love（爱），anger（愤怒），friendship（友谊）。

> **你知道吗？**
> "a"和"an"是不定冠词，泛指一个或一类人或物。"the"是定冠词，特指某一个人或物。

集体名词——指一群人或物，当作整体时，动词以单数对待。例如，"The class is small"。但是，当 class 被看成是很多个体时，动词要以复数对待，例如，"The class were arguing"（全班同学在讨论）。

常用集体名词包括：family（家庭），group（组，群），bunch（束），team（队），choir（合唱团），collection（收藏品），audience（观众），army（军队），parliament（议会），jury（陪审团）。

有一些表示动物的集体名词，孩子们比较熟悉，例如，a flock of sheep or birds（一群羊或鸟），a herd of cows（一群牛），a pride of lions（一群狮子）等。你知道几个世纪以前的一些奇怪的表达吗？

a sleuth of bears（一群熊）

a wake of buzzards（一群秃鹰）

a float of crocodiles（一群鳄鱼）

a murder of crows（一起乌鸦谋杀案）

a charm of flinches（接连退缩）

a skein of goslings（一群幼鹅）

a scold of jays（一群招人骂的鸟）

an exultation of larks（欢腾的云雀）

a labour of moles（一窝鼹鼠）
a troop of monkeys（一群猴子）
a yoke of oxen（一轭牛）
an ostentation of peacocks（一群炫耀的孔雀）
a storytelling of raven（讲故事的乌鸦）
a parliament of rooks（一群秃鼻乌鸦）
a murmuration of starlings（咕哝的八哥）
a bale of turtles（一大包乌龟）
an eyrar or bevy of swans（一群天鹅）
a pod of pelicans, dolphins or whales（一群鹈鹕、海豚或鲸鱼）

代　词

代词代替名词，目的为了避免重复，使句子更加生动。例如，she（她）、he（他）、it（它）、that（那个）、I（我）都是代词，出现在句首需大写，出现在句子其他地方不需要大写（I 例外）。

人称代词——人称代词用于代替人或物。

I（我），you（你），he（他），she（她），we（我们），they（他们）都是代替人或动物的人称代词。

it（它），they（它们），them（它们）是代替物的人称代词。

帮助孩子应对作业

人称代词可以做主语或宾语（如 I，you，he，we），表明谁或什么受到动作的影响（如 me，it）。有些代词的主格和宾格是一样的。

物主代词表示某物与人的所属关系，反身代词是指某人或某物自己。

主语	宾语	所有格	反身代词
I	me	mine	myself
you	you	yours	yourself
she	her	hers	herself
he	him	his	himself
it	it	its	itself
they	them	theirs	themselves
we	us	ours	ourselves

关系代词——that（那个），this（这个），which（哪个），who（谁），whom（谁，宾格），whose（谁的），where（哪儿），when（什么时候），whoever（无论谁），whichever（无论哪个），这些都是关系代词，它们可以把相关的句子连接起来。大家熟知的一个例子就是"This is the house that Jack built"（这是杰克修建的房子）。

> **教师寄语**
>
> 代词对作文的流畅性起重要作用。当然，最重要的还是要仔细通读文章，确保代词的使用没有使意思含混不清。

容易混淆的词或用法

I 和 me

与大人一样，孩子们也会觉得 I 和 me 比较难区分。实际上，问题往往出现在不是独自一个人干某事的时候。

你从不会写出"Me went to the cinema"的句子。但是，你可能会写出"Jo and me went to the cinema"，正确的应该是"Jo and I went to the cinema"（我和乔去看电影了）。

要弄清楚没有其他人时应该用 I 还是 me，看下面两个句子：

The man handed Jo and me our tickets. ×

The man handed Jo and I our tickets. √

（那人把票交给了我和乔。）

如果把 Jo 去掉，显然第一句话是对的，因为你从不会说"The man handed I a ticket"。

用语法术语解释就是：I 用作主语，表示"我"做某事。me 用作宾语，表示"我"受某个动作的影响。

动　词

为了说明某事发生在过去、现在或将来，就要用到动词的不同时态。我们学英语时才会想到时态，但最重要的是要知道什么时候该用哪种时态。

常用的两个重要动词是"to be"和"to have"，各自都有不同的时态。

to be

现在时	过去时
I am	I was
You are	You were
He/She/It is	He/She/It was
We are	We were

You are（复数）　　　　　　　You were
They are　　　　　　　　　　They were

to have

现在时　　　　　　　　　　　过去时
I have　　　　　　　　　　　I had
You have　　　　　　　　　　You had
He/She/It has　　　　　　　　He/She/It had
We have　　　　　　　　　　We had
You have（复数）　　　　　　You had
They have　　　　　　　　　They had

一般现在时——动词前面不用 to，表示经常做的事情。例如，"I walk"（我走路）；"He acts"（他表演）。

现在进行时用来表示现在正在发生的事情，要加助动词"be"。例如，"I am walking"（我正在走路）；"He is acting"（他正在表演）。

一般过去时——用来表示事情已经发生了，动词的形式要进行变化，例如，"I walked"（我走过路了）；"He acted"（他表演过了）。

上面出现的两个动词的过去式都是在动词词尾加上"ed"，还有许多不规则动词的过去式形式特殊，需要专门记忆。

过去进行时（未完成时）——这种时态也要加上助动词"be"的过去式，表示过去持续性的动作。例如，"I was walking"（我那时在走路）；"He was acting"（他那时在表演）。

将来时——严格地说，英语中没有明显的将来时，尽管有表示将来要发生的事情的方法。

将来时最明显的一点就是要用到"will"，"shall"，"be going to"这些助动词。例如，"I will walk later"（我过一会儿要走路）；

"He is going to act"（他将要表演）。

> **教师寄语**
>
> 孩子普遍容易出的错是用介词"of"代替助动词。你可能多次听到过"I could of done that …"或"I must of made a mistake"这样的句子，这些句子是错误的，因为 of 不是动词。
>
> 这些句子应该改为："I could have done that …"（我应该做……而没有做）；"I must have made a mistake"（我肯定出错了）。

助动词——助动词与动词一起使用可以改变动词的意义。例如，do，does，did，will（将，会），would（会），can（能，会），shall（将，会），should（应该），may（可以），might（可能），must（必须），ought（应该）。

> **容易混淆的词或用法**
>
> **是 If I was 还是 If I were?**
>
> 平时我们肯定会说"I was"不会说"I were"，因为我们知道"I were"是错误的。但有些时候我们的确要说"If I were"，这完全是由语境决定的。到底该用哪个？最简单的方法就是依据描述的情况是否现实。
>
> 例如，"If I was at home yesterday when Sue called, I didn't hear her knock"（昨天苏打电话时我在家，可是我没听见）。说话的人在陈述事实，句中情况是可能发生的。用英语语法术语解释，这就是陈述语气。
>
> 但是，也有不是事实、绝不可能发生的情况。"If I were you, I'd take the chance"（如果我是你，我就会抓住机会）。我永远不可能成为你，所以要用"I were"，这就是虚拟语气。

帮助孩子应对作业

分离不定式——分离不定式指的是在动词不定式的符号"to"和动词之间插入了别的词。一个经典例子就是"to boldly go"（大胆地走），取自电影《星际奇遇》的片头字幕"To boldly go where no man has gone before"（大胆地走没人走过的路）。

从传统上看，这个句子的语法不对。但是，语言的绝妙之处就在于它的约定俗成。如今，人们将一些语法规则搁到了一边，分离不定式已被人广为接受。

复合时态——句子中的动词时态要互相协调。例如，"I should be glad if you meet me"时态就不协调，应该改成"I should be glad if you would meet me"（如果你来接我，我会很高兴）。

passed 和 past——passed 表示"经过、传递"这个动作，是动词。Josh passed Ollie the ball（乔什把球传给了奥利）。

其他很多情况都会用到 past，它可以是名词、形容词、副词、介词。

名词："It happened in the past"（这件事发生在过去）。

形容词："in past decades"（过去几十年间）。

副词："He drove past the house"（他开车经过那座房子）。

介词："Jan walked past me"（詹走过我身旁）。

形容词

形容词补充说明名词，是描述性词汇，能够使语言变得生动有趣。

比较级和最高级——形容词可以用来比较，比较级用于两者之间的比较，如"better"，"taller"；最高级用于三者或三者以上的比较，如"best"，"tallest"。

Sandra is the shorter of the two sisters.

（桑朵拉是两姐妹中较矮的一个。）

Sandra is the shortest of the three girls.

（桑朵拉是三个女孩中最矮的一个。）

单音节和双音节形容词的比较级和最高级：

形容词	比较级	最高级
big（大）	bigger	biggest
wise（聪明的）	wiser	wisest
tall（高）	taller	tallest
rich（富有的）	richer	richest
narrow（狭窄的）	narrower	narrowest
happy（高兴的）	happier	happiest
easy（容易的）	easier	easiest

两个以上的多音节词，或以"ous"、"ing"、"ed"、"ful"结尾的词，它们的比较级要加上"more"，最高级加"most"。

The lesson was more boring than last week's.

（这节课比上周的更乏味。）

She was the most famous actress in the play.

（她是这部剧中最有名的演员。）

形容词	比较级	最高级
peaceful（平静的）	more peaceful	most peaceful
thoughtful（深思的）	more thoughtful	most thoughtful
pleasant（令人愉快的）	more pleasant	most pleasant
amazing（令人惊讶的）	more amazing	most amazing
generous（慷慨的）	more generous	most generous
wicked（邪恶的）	more wicked	most wicked
excited（令人激动的）	more excited	most excited
beautiful（漂亮的）	more beautiful	most beautiful

| 帮助孩子应对作业 |

| popular（受欢迎的） | more popular | most popular |

特殊情况：

形容词	比较级	最高级
good（好）	better	best
bad（坏）	worse	worst
little（少）	less	lest
many/much（很多）	more	most
far（远）	further	furthest
fun（有趣的）	more fun	most fun

副　词

　　与形容词修饰名词一样，副词修饰动词。例如，"I walked briskly"（我轻快地走）。副词能使我们的文章和讲话更生动，也能提供更多信息。多数副词以"ly"结尾，如 wisely（明智地），noisily（喧闹地），quietly（安静地）。也有一些副词不是以"ly"结尾，如 quite（非常），fast（快速地），almost（几乎），never（从不，绝不）。还有一些词既是形容词也是副词。

　　He ran fast.（他跑得很快。）

　　fast 修饰动词 ran，是副词。但是，在下面的句子里它修饰运动员，是形容词。

　　The athlete was fast.（这个运动员跑得很快。）

　　副词也可以修饰其他副词。

　　The athlete ran incredibly fast. （这个运动员跑得难以置信地快。）

　　副词也可以修饰形容词。

　　The pinetree was extremely tall.（这棵松树长得很高。）

第三章 读 写

句 子

　　一些句子带有短语和从句，使句子变得更生动，同时也提供了更多的信息。

　　短语——就是一组词，为句子提供更多的信息，包括名词性短语、形容词性短语、副词性短语等。短语没有动词，与句子的其他成分联系起来才有意义。

　　To run fast requires training.（跑得快需要训练。）

　　"to run fast"是名词性短语，"requires"是动词。

　　My friend, wearing a red scarf, is sitting on the step.（我的朋友，戴着红围巾，坐在台阶上。）

　　"wearing a red scarf"是形容词性短语，对 friend 起到描述的作用。

　　Liz held her breath for as long as she could.（利兹尽可能屏住呼吸。）

　　"for as long as she could"是副词性短语，修饰动作。

　　子句——一组有主语有谓语的词，是句子中的句子。有些句子不止出现一个子句。句子只有两种，一种是主句，另一种是从句。

　　主句——最重要的句子，可以独立存在。有时两个主句同等重要且可以独立。

　　I threw the ball and the dog chased it.（我把球扔出去，狗就去追。）

　　从句——像短语一样，从句具有名词、形容词、副词的功用，具体用作什么要根据主句来判断。

　　● 名词从句

　　Where she hid it will never be known.（她把它藏在哪儿了，绝不会有人知道。）

75

"where she hid it"是主语，是名词从句。

I do not know where to look first.（我不知道从哪儿找起。）

"where to look first"是宾语，是名词从句。

● 定语从句

I found the key that I had been searching for.（我找到了我一直在找的那把钥匙。）

"that I had been searching for"是定语从句，修饰"the key"。

● 状语从句

I searched for the key while I talked to my mobile.（我找到了我一直在找的那把钥匙。）

"while I talked to my mobile"是状语，修饰动作"searched for the key"，提供更多信息。

复杂句和复合句——复杂句只有一个主句，一个或多个从句。复合句有多个主句（有时主句也带从句），并通过"but"、"or"、"and"等连词连接起来。例如，"I found the key and finished my telephone conversation"（我找到了钥匙，也讲完电话了）。

连　词

连词可以连接词语、短语、句子。连词有四种：

并列连词——"and"、"but"、"or"、"so"这些把句子中同等重要的部分连接起来的词叫并列连词。下面这个字母缩略式虽然有一点奇怪，但可以帮助你记住并列连词：

　　BOAF SYN
　　B ut（但是）
　　O r（或者）
　　A nd（和，与）

For（为了）
So（因此）
Yet（仍然，尚且）
Nor（也不）

从属连词——把不太重要的句子与重要的句子连接起来。"although"（虽然）、"because"（因为）、"since"（自从）、"unless"（除非）、"as"（如同）、"while"（当……时候）都是从属连词。在下面的例子中，"because"把两个句子连接起来"She went to the park"这个句子更重要。

She went to the park because it was sunny. （因为阳光明媚，她去了公园。）

复合连词——不止一个词，通常会包含"as"，"that"。例如，"as soon as"（尽快），"in order that"（为了），"provided that"（只要）。

I will go for a walk as long as it's not cold. （只要天气好，我就会去散步。）

Liz divided the cake so that everyone could have a piece.
（利兹把蛋糕切开以便每个人都能吃一块。）

关联词——对比两个事物，或把它们联系起来，常用"not only… but also"（不仅……而且），"neither… nor"（既不……也不），"whether… or"（或者……或者），"the more… the less"（越……越）。

The more I see of him, the more I like him.
（越见他，我就越喜欢他。）
Not only is she my sister, she is also my friend.
（她不仅是我的妹妹，还是我的朋友。）
Whether we eat out or stay in doesn't make a difference to me.

77

帮助孩子应对作业

（我们出去吃或在家里吃，对我来说都一样。）

> **容易混淆的词或用法**
> **as 和 like**
> 你可能经常听到有人在句子中用 like，例如，"She thinks like I do"。其实这个句子是不正确的。"like"有形容词、介词的用法，但它不是连词。如果要表达"in the way that"（以同样的方式）这样的内容，应该用"as"。
> She thinks as I do.（她想的和我想的一样。）

介 词

介词把句子中的名词、代词、词组与其他词连接起来。例如，在"The book is on the desk"（书在桌子上）这个句子中，"on"是介词，介词引出的词或短语叫做介词的宾语。在句子中该用哪个介词较难判断。

下面是一些容易混淆的搭配：
- different from 或者 to（不是 than）
- anxious about（不是 of）
- prefer this to that（不用 than）
- bored by 或 with（不用 of）

标点符号

标点符号的使用在一定程度上完全是个人的偏好，有些人特别喜欢用某些标点符号。但是，为了使意思表达清楚，我们必须遵循

第三章 读 写

一定的标点符号使用规则，尽量保证前后一致。

句 号

作为最重要的一种标点符号，句号表明一个句子已经结束，也表明朗读时应该停顿。

- 句号还可以表示单词的缩写式，如"Feb."是 February 的缩写式。
- 缩写词保留有原单词的最后一个字母时不用句号，如 Mr，Mrs，Dr，除非它们出现在句末。
- 首字母缩略词不用句号，如 BBC，TV，MP，USA。
- 一个句子以带句号的缩写词结束时，不需要再用句号。

> **给家长的提示**
>
> 让孩子们想一想，如果是大声讲话，该用什么标点符号。这样做很有帮助，因为大声讲话时会不断改换表达方式和语气，也会稍作停顿以便让别人懂得他们在讲什么。写文章也是一样。

表明句子结束的符号还有问号和感叹号。

问 号

- 直接问句用问号。

What time will he arrive?（他几点回来?）

- 间接问句不用问号。

I wonder what time he will arrive.（我担心他几点才回来。）

帮助孩子应对作业

> **教师寄语**
> 　　孩子们有时弄不清哪些是问句，多与孩子练习把陈述句变成直接问句或间接问句。

感叹号

- 感叹号用来强调。
Fire! Fire!（开火！开火！）
- 感叹号也可以用来描述情感，特别是愤怒、害怕、惊喜、高兴等情感。
I don't believe it!（我不相信！）
- 感叹号用来表示声音效果。例如，连环画中常用到"Pow!"（啪！）、"Whoosh!"（嘶嘶！）。
- 是表达强烈情绪时的书写符号，要谨慎使用。
- 人们习惯在文本中使用，但注意不要在一篇文章中过多使用，否则会分散主题。

问号和感叹号用在缩写词后面时，要保留缩写词后面的句号。例如，"Feb."现在更常见的是用叹号代替句号，如"Feb!"。

大写字母

开始一个新句子时，首字母要用大写。下面这些情况也要使用大写：

- 专有名词和人名。
- 由专有名词变化来的形容词。
- 书、电影、戏剧、杂志、报纸中标题的首字母和实词首字母。
- 民族、公司的名称。

第三章　读　写

- 古诗每一行的首字母。

逗　号

逗号用来表示比句号短的停顿，也用于以下情况：
- 多个词的并列。
- 句中多个短语、从句之间。
- 一系列形容词之间，例如，"It was a soft, red, woolly scarf"（它是一条柔软的红色羊毛围巾）。

教师寄语

　　逗号用错地方的话会改变句子的意思。与孩子玩一玩下面这个游戏，就知道逗号的作用有多大。
　　比较：
Meg likes Anna, who plays tennis a lot more than I do.
（梅格喜欢安娜，安娜网球打得比我好。）
Meg likes Anna, who plays tennis, a lot more than I do.
（梅格喜欢安娜比我多，梅格打网球。）

引　号

直接引语要使用引号。被引述的话可能出现在句子的开头或末尾，也有可能在中间被断开，记住其他标点符号要引在引号里。
Becca said, "I am going away on holiday."
（贝卡说："我要去度假。"）
"Where are you going?" asked Jess.
（"你去哪儿?" 杰斯问。）

81

帮助孩子应对作业

"To France," Becca replied, "To stay with aunt."
("去法国,"贝卡回答,"去姨妈那儿。")
● 引语出现在句子末尾时,引号前面要插入一个逗号。
Becca said, "I am going away on holiday."
● 引语出现在句子开头但不是问句时要以逗号结束,而且要引在引号里。
"I leave on Friday," said Becca.
("我星期五走,"贝卡说。)
● 引语从中间被断开时,要形成一个完整的句子。
"I'm going," said Becca, "to visit my aunt."("我要去,"贝卡说,"拜访我姨妈。")

有人喜欢用双引号,有人喜欢用单引号,两种都没问题,不过最好要知道老师喜欢用哪种,而且一篇文章里引号使用要一致。

引号又叫引述符号,这个名称可以提醒孩子在引述别人的话或书中段落时一定要记住使用这种倒立的逗号。引号还用于书名、杂志名、电影名、项目名称等。

● 在引语中再引述时,里面用双引号,外面用单引号,或相反。
'I went to see "Eclipse",' said Astrid.
("我去看了电影《蚀》,"阿斯特里德说。)
或 "I went to see 'Eclipse'," said Astrid.
● 使用电脑编辑文本时,书名可以不用引号,用斜体即可。

撇 号

有两种情况需要用到撇号,一种是名词所有格,另一种是省略字母。

所有格——单数名词加"'s"表示所属关系,例如,

the cat's hat(猫的帽子)
George's room(乔治的房间)

以 s 结尾的单数名词,也要加"'s"。例如,

Janis's picture(詹尼斯的画)
the princess's crown(公主的王冠)

复数名词有两种情况。以"s"结尾的复数名词,只加"'"。例如,

the cats' dinner(猫食)
the girls' books(女性读物)

不以"s"结尾的复数名词,加"'s"。例如,

the men's coats(男式大衣)
the children's games(孩子们的游戏)

省略字母——为了读音简便,或把两个单词合成一个,就需要省去字母,这就是"缩合"现象。"缩合"现象在语言中非常普遍,通常是在被省略的字母处加上撇号。字母"o"是最常见的被省字母。

do not	don't
are not	aren't
could not	couldn't
were not	weren't

也有两个例外:

shall not	shan't
will not	won't

帮助孩子应对作业

容易混淆的词或用法

● 与所属的物的单复数无关，只需要查看拥有者是单数还是复数。

● 物主代词表示所属时不需要加撇号。

● 用到"one"时要加撇号，如"one's family"（某人的家庭）。

● 有些词词形相似、读音相同，但有撇号和没有撇号意思以及用法完全不同。

It's 与 its

"It's"意思是"It is"：

It's sunny outside.（外面阳光明媚。）

"its"是形容词性物主代词：

The dog wants its dinner.（狗想吃它的晚餐了。）

You're 与 your

"You're"意思是"You are"：

You're working hard.（你正努力工作。）

"your"是形容词性物主代词：

These are your shoes.（这些是你的鞋子。）

Who's 与 Whose

"Who's"意思是"Who is"：

Who's coming with me?（谁跟我来?）

"Whose"是物主代词：

Whose coat is this?（这是谁的大衣?）

'60s，1970s' 与 1980s

撇号也用以数字的省略或所属，但不能用于复数。

The '60s was an exciting time for music.

> （20世纪60年代是音乐的鼎盛时期。）撇号表示省略。
> 1970s' clothes are back in style.
> （20世纪70年代的服装风格又回来了。）撇号表示所属。
> Personal computers began to be sold in the 1980s.
> （个人计算机从20世纪80年代开始销售。）撇号不用于复数。

冒 号

冒号用以列举、引用一长句被引述的话，或对句子开始部分进行解释。

列举——冒号前面的句子引出话题，冒号后面列举的条目用逗号隔开。

To punctuate a sentence you can use all, or some, of the following: a full stop, comma, colon, semicolon, apostrophe and speech marks. （你可以使用以下这些标点符号给句子加标点：句号、逗号、冒号、分号、撇号和引号。）

引述——用在引语前面，代替逗号。

Shakespeare wrote: "To be, or not to be, that is the question." （莎士比亚写道："生存还是毁灭，这是一个值得考虑的问题。"）

解释——冒号可以连接两个从句或句子，第二个句子是第一句子的解释，或从第一句得出的结论。冒号后面的单词不需要大写首字母。

"To be, or not to be, that is the question: whether'tis nobler in the mind to suffer the slings and arrows of outrageous fortune."

("生存还是毁灭，这是一个值得考虑的问题：哪一种更高贵？是默然忍受命运的暴虐的毒箭，还是……")

After looking at the guest list, Alice decided: she was not going to the party. (看了客人名单后，艾丽斯决定：她不去参加派对了。)

分　号

分号可以连接两个既相关又独立的句子，尽管这两个句子有时会很短。

The room was silent; no one dared speak a word. (房子里静悄悄的，没人敢说一句话。)

分号还可用来切分较复杂的串列，一些条项有多个词时需用逗号隔开：

For the school trip you will need to take: a waterproof coat and warm sweatshirt; a notepad, pencil and colored pen; a packed lunch; something to drink; and a small amount of spending money. (参加学校外出旅行，你需要带齐以下物品：防水外套和保暖内衣，笔记本、铅笔、彩色钢笔，盒装午餐，饮品，一些零花钱。)

括　号

括号用来分隔句子中的多余信息或评论。

Purple berries (blueberries, blackcurrant, blackberries and grapes) are packed with antioxidants. [紫莓（蓝莓、黑加仑子、黑莓、提子）包装时都使用了抗氧化剂。]

When a sentence also needs a comma (as in this example), that should also come after the brackets. [句子需要逗号时（如这句话），逗号要放在括号外面。]

连字符

连字符连接词或词的组成部分，现在已没有过去用得那么广泛了。

复合词——连字符把两个或多个词连接起来，组成一个新词，如 mother-in-law（岳母），up-to-date（最新的）。

连字符还可构成复合形容词：

He was a well-known actor.（他是个有名的演员。）

当复合形容词出现在名词之后时，不需要用连字符号：

The actor was well known.（这个演员很有名。）

连接前缀——前缀以元音结尾，单词以元音开头时，要用连字符，如 re-elected（重选的），co-operate（合作）。现在更常见的是不要连字符，直接把词连起来，如"cooperate"。

有时连字符号会起很大作用，不能省略。下面这两个句子意思差别很大：

There were twenty-odd guests at the party.（20 多位客人参加了这个晚会。）

There were twenty odd guests at the party.（20 位奇怪的客人参加了这个晚会。）

连字符还可以改变词义：

"resign"意思是"辞职"，"re-sign"就成了"重新签名"。

"recover"意思是"恢复，康复"，"re-cover"就成了"重新盖上"。

数字——连字符也用在数字里。例如，

two-thirds（2/3）

thirty-four（34）

two hundred and fifty-five（255）

破折号

破折号可以代替冒号、分号甚至逗号，能引起惊讶等情绪，但不可滥用。

I opened the door and there they were—all my favorite friends and family.（我打开门，他们都在那里——我的好朋友和家人。）

两个破折号连用与括号的作用相同：

Nothing was safe—shoes, socks, cushions—the puppy would chew them all.（什么东西都不能幸免——鞋子、袜子、靠垫——小狗都会咬。）

写作风格

正确的顺序

写作时使用正确的词、语法和标点符号很重要，使用正确的词序也同样重要。词序能改变句子意思。

Walking downstairs, the grandfather clock chimed.

这句话听起来就好像"落地摆钟下楼时开始报时"。改成下面这样或许才表达出真正要说的意思：

While I was walking downstairs, the grandfather clock chimed.

（我正下楼时，落地摆钟开始报时。）

句子的正常顺序是主语名词—动词—宾语名词—宾语名词。

George glimpsed a fox in the moonlight.

（乔治瞥见一只狐狸在月光下。）

为了让文章产生一些变换，或者为了制造悬念或氛围，可以改变词的顺序，主语不放在最前面，句子意思仍然很清楚。

In the moonlight, George glimpsed a fox.
（月光下，乔治瞥见一只狐狸。）

> **教师寄语**
>
> 孩子写作文时鼓励他们有意识地调整一下词的顺序，看看哪种顺序能更好地营造氛围。改变句子长度也会起到同样作用。短句的动作描述效果最佳。
>
> The monster hissed. Its shadow crept closer.
> （这怪物发出嘶嘶声。它的影子爬得更近了。）
> Max turned and ran.
> （马克斯转身跑了。）

段　落

写好句子是第一步，然后就是要学会把句子组成表达一定主题或意义的段落。有时一个段落只有一句话。

话题改变时要另起一段。为了清楚起见，段与段之间最好空一行，或采用缩进形式。

> **语言助记术**
>
> 一些传统的助记术可以提醒你写作时使用的一些技法、要素、体裁。
>
> **修　辞**
>
> Most People Sing In Harmony. （多数人唱合唱。）
> metaphor（暗喻），personification（拟人），simile（明喻），irony（反讽），hyperbole（夸张）。

帮助孩子应对作业

> **故事要素**
> Very Many Pupils Come to School.（很多小学生来上学。）
> viewpoint（观点）, mood（心情）, plot（情节）, characters（人物）, theme（主题）, setting（背景）。
> **文学体裁**
> 记住"3P"：戏剧（play）、诗歌（poetry）、散文（prose）。

如何提高

帮助孩子提高写作技能的最佳方法就是鼓励他们多阅读。孩子越喜欢读书，越喜欢语言，作文就会越好。另外就是要多练习写。生活中有很多可以让他们既练习写作又感觉不到负担的机会。

写感谢信

要让孩子从小养成写感谢信的习惯。亲朋好友会非常高兴收到孩子的信，所以，教会他们书信格式很有用。

- 在信纸的右上角写上自己的姓名、地址。
- 地址的每个部分要另起一行。
- 空一行再写日期。
- 再空一两行写正文。
- 如果是写给不熟悉的人，要采用较正式的书信格式。称呼用"Dear Sir"（亲爱的先生）或"Dear Madam"（亲爱的夫人），落款用"Yours faithfully…"（你忠诚的……）。
- 如果知道收信人的姓名，落款可以用"Yours sincerely…"（你真诚的……）。

第三章 读 写

> 24 High Street,
> Anytown,
> Middleshire
>
> 16 March 2011
>
> Dear Grandma and Grandad,
>
> Thank you for the money that you gave me for my birthday. Mummy and Daddy say I that I must save it for a rainy day. The man on the television says that it might rain next week!
>
> Yours sincerely,
> Jane

写日记

　　写日记是坚持每天写点东西的好方法。人的心情在不断变化，每天发生的事情也不相同，日记的内容也就会跟着变。这就要求写日记的人不断尝试新的风格，使用不同的词汇。

- 挑选一本有吸引力的日记本。
- 插入图画和照片。
- 把一些入场券、节目单贴进去，留作资料。

帮助孩子应对作业

> **给家长的提示**
>
> 　　坚持每天写日记是学校假期作业的演练，因为放假时学校通常要求学生写假期日记。

写故事时应注意的十点

1. 想好写什么，并列出提纲。
2. 切记故事要包括开头、中间、结尾三个部分。
3. 设立场景——起始段要吸引人，要使读者想读下去。
4. 描述故事发生的地点。
5. 营造合乎故事的氛围。
6. 引出人物。
7. 给人物命名，刻画人物性格。这些人物有什么独特之处？请描述他们的穿着、长相，展现清晰的人物形象。
8. 思考语言和词汇的使用。变换句子长度，交替使用形容词、副词以增添趣味性。
9. 有没有一些好笑的、戏剧性的、有趣的事例可以加进去？
10. 结尾——好的结尾很重要，松散式结尾能留给读者想象的余地，带给读者满足感。

第四章

科　学

帮助孩子应对作业

> 科学最重要的不是获取事实，而是发现新的思考问题的方法。
> ——威廉·布拉格爵士

> 没有什么能让我震惊，因为我是科学家。
> ——哈里·森福特，电影《夺宝奇兵》琼斯博士的扮演者

科学影响着我们的生活。我们吃的食物、驾驶的小汽车、使用的电脑，无一不与科学联系在一起。我们是谁？与我们所在的星球和宇宙有怎样的联系？这些问题都必须以科学为基础才能得到解答。很多伟大的思想家——从亚里士多德到爱迪生，同时又都是科学家。如今，仍然在世的艺术家大卫·霍克尼还在为 iPad 作画。科学并不孤立，它是日常生活中的一部分。透过科学，我们开始懂得这个世界，也找到了孩子提出的所有问题的答案。

帮助孩子学习科学的最佳方法是使它变得有趣。我们如何利用科学，决定着我们如何理解它，而且越来越多地反映在学校科学课的教学上，它大致被分成三类，即生命物质（生物）、物质（化学）和物质过程（物理）。

食物链

科学与世界相互依存，这一点也反映在所有有机生命中。动物和植物相互依赖，其根本原因是为了获取食物。

动物和植物通过食物链联系在一起。例如，

  毛毛虫以莴苣叶为食，
  燕八哥又以毛毛虫为食，
  秃鹰又以燕八哥为食。

第四章 科　学

- 植物处于食物链的开始端，通常量比较大；动物处于食物链的尾端，数量比植物少，体积比植物大。
- 植物是**生产者**，它们自己给自己生产食物，同时又是食物链的基础。
- 动物是**消费者**，它们吃其他植物和动物。
- 动物可以分为**食草动物**和**食肉动物**。
- 动物也可以被划分为**捕食动物**和**被捕食动物**。
- **食腐动物**是食肉动物，它们吃捕食动物吃剩下的东西。
- 很多动物和植物不止处于一条食物链中，例如，草被兔子吃，兔子又被狐狸吃。但是，草同时也被羊吃，羊被人吃；兔子也可能被人或其他捕食动物吃。
- 食物链中一处发生变化，链条的其他部分都会受到影响，看看人类对环境的影响就知道牢记这一点是多么重要。
- 食用菌和细菌是残余动物和植物的分解者，使一些可以再利用或循环的化学物质得到利用和回收。

由于多数动物和植物不止处于一条食物链中，用食物网这个词或许更容易理解。食物网还有助于进一步说明相互依存的概念和一种物质消失时这个网有可能发生的变化。

例如，在一个食物网中，狐狸、鼬、鸟靠昆虫、老鼠以及更小的鸟和兔子为生，这些昆虫、老鼠、鸟和兔子又以植物、种子、莓果为生。不难发现，如果因突发黏液瘤病毒兔子的数量大幅度减少，更多老鼠、小鸟和昆虫就会被吃掉。或许，为了弥补食物不

帮助孩子应对作业

足，一些家禽如鸡、小山羊等也会遭受袭击，捕食动物也会更多靠植物的种子、果实为生，这样鸟的食物就减少了。因为没有那么多兔子来啃草，某些植物就会大量增长。

> **给家长的提示**
>
> 我们每个人都是食物链中的一部分。让孩子想一想他们在怎样影响着食物链。观察家里养的一些宠物都吃什么，公园里的动物和鸟吃什么。

植 物

植物的构成

有花植物的花瓣通常很鲜艳，而且散发出香味以引来昆虫授粉。利用自然界的风授粉或自己给自己授粉的植物花瓣都很小，或没有花瓣。

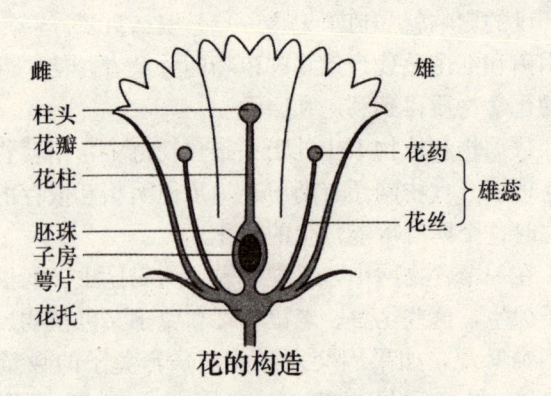

花的构造
（雌：柱头、花瓣、花柱、胚珠、子房、萼片、花托；雄：花药、花丝——雄蕊）

第四章　科　学

萼片——长在花瓣外，呈一个圈分布，绿色或棕色，比较小，起到保护花蕾的作用。

蜜腺——分泌花蜜供昆虫吸食，长在花的深处。昆虫扫过花药并汲取花粉颗粒，然后把它传给另一朵花，这就是授粉的过程。

心皮——这是花的雌性部分，包括柱头、花柱和产生胚珠或卵的子房。一旦授粉成功，种子和果实就在这里孕育。

雄蕊——这是植物的雄性部分。每个雄蕊都有一个花丝，上面长着花药，花药上有许多花粉。有些花有很多雄蕊，有些只有几个。花药成熟时会自然裂开，散出花粉。

花托——花的各个部分都连接在花托上，其顶端就是花柄，通常呈圆形。有些植物如草莓，花托是受精后长的，可以吃。

植物的生长周期

花粉被昆虫或风从一朵花传到另一朵花上。柱头表面有点黏，花粉颗粒在授粉过程中一直粘在柱头上。

花粉与胚珠或卵细胞结合在一起，在子房中使植物受精。受精作用产生种子和果实。

种子被动物或风撒到别处就会长出新的植物，这个过程叫传播。

给家长的提示

观察一下各种花的形状，看它们是如何引来昆虫的。例如，蜜蜂飞到洋地黄花上就不见了，你可以看到洋地黄的柱头是贴着花瓣长的。

帮助孩子应对作业

> **你知道吗？**
> 大多数花有 5～10 个花瓣。跟孩子一起观察一些花，数一数它们的花瓣。

种植物

植物健康生长需要：
- 光
- 水
- 来自土壤的养分（一些气生植物只需要水）
- 空气
- 一定的温度，通常来自太阳。

1. 植物的根使其固定并吸收水和养分。
2. 植物的茎把养分和水输送到植物的各个部位。
3. 植物的叶子利用阳光、从空气中获得的二氧化碳和水进行光合作用生产出食物。这个过程中有大量氧气释放到大气中。

自己动手种植物

教孩子了解植物的最简单最有趣的方法是协助他们种植物。

- 要想很快看到结果，就把水芹或芥末种子放到湿脱脂棉或纸巾上。孩子们可以把长出来的苗夹在三明治里吃。
- 撒一些向日葵种子来种向日葵也很有趣。你可以跟孩子比赛谁的向日葵长得高。
- 仙人掌和一些不常见的植物如捕蝇草，或一些叶子比较敏感的植物，种起来也很有趣。
- 球茎植物可以种在土里，也可养在水中。养到一定时候可以作为礼物送给爷爷、奶奶或阿姨作家庭装饰。
- 试着改变一下光线、温度或水量，看看哪种植物长势最好。

> **给家长的提示**
>
> 给孩子一个木盆，或在院子里给孩子留一块地，让他们种他们喜欢的植物。可以尝试种一些蔬菜或水果。当孩子吃到自己亲手种的东西时，一定会很惊讶。

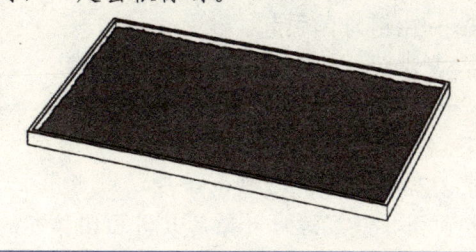

微生物

微生物只能用显微镜才能看见，它们就在我们周围——空气中、水里，还有我们的身体里。微生物分为三种：
- 病毒
- 细菌
- 真菌

我们一想到微生物，就想到传播疾病的有害细菌（如流行感冒、水痘都是由病毒引起的，而且传播很快）。其实也有一些微生物是有益的，对我们的健康起着重要作用。下面分别举一些有害细菌和有益细菌的例子：

有害细菌会引起：

食物中毒——由沙门氏菌引起，未煮熟的食物如鸡肉、鸡蛋和猪肉中含有沙门氏菌。

预防——食物一定要煮熟吃；生熟食分开；做饭前后要洗手，饭前便后要洗手。

蛀牙——由牙菌斑堆积造成。

预防——一天至少刷两次牙。

咽喉发炎——由链球菌引起。

预防——经常洗手，咳嗽或打喷嚏时挡住嘴。

给家长的提示

酵母菌是"友好"真菌的典范，可以用来做面包、蛋糕等。跟孩子一起和面团，观察酵母开始起效时面团体积的变化。

有益细菌

- 一种叫做芽孢杆菌的细菌可用于制造抗生素。
- 乳酸菌用于制作酸奶。
- 奶酪和啤酒的发酵都离不开细菌。
- 细菌分解植物并囤积、释放养分。
- 豌豆和扁豆根部的根瘤菌能把空气中的氮转化成氮气供植物生长。

实验——旋转鸡蛋

你不用敲开蛋壳就能辨别哪个是熟鸡蛋哪个是生鸡蛋。把煮熟的鸡蛋晾凉，晾至与生鸡蛋同样的温度。转动两个鸡蛋。熟鸡蛋马上会转动起来，生鸡蛋却摇摇晃晃。如果你试着停止转动的鸡蛋，生鸡蛋还会凭惯性继续摇晃。

第四章 科 学

栖息地

栖息地提供食物、遮蔽物和多种动植物生存的处所，它可以是石头下的一小块地方，也可以是一片灌木树篱、海滩或一大片丛林，可小可大，可以在任何地方，生活在那里的动植物多种多样。其实所有生物都有它们特定的栖息地，如果条件变了，很多都难以存活。

季节转换

- 观察栖息地随季节变化会发生什么变化。
- 这些变化对生活在那里的生物来说意味着什么。
- 秋天的时候收集一些七叶栗和板栗。
- 观察一年当中不同季节生长什么植物。

给家长的提示

孩子们非常喜欢在自家的院子里、公园里或海边探查小小世界。他们喜欢观察树叶下面的昆虫和其他小虫子，或是池塘和岩石区潮水潭里的生物。跟孩子一起在书里查一查那些不太熟悉的野生动物，讨论它们是如何适应自己的栖息地的。

食物与健康

植物和动物都需要食物。植物可以通过光合作用为自己生产食物，而动物只能通过吃植物或者其他动物生存。

食物用于：

- 生长。
- 提供能量——不仅为有机体四处活动提供能量，也为有机体为了存活而进行的化学过程提供能量。
- 修复损坏组织。

人的身体

人必须均衡饮食。饮用足够的水才能保持身体健康。我们摄取的食物含有以下四种基本物质：

碳水化合物——尽管所有的食物都为我们提供能量，但碳水化合物（包括马铃薯、面包、大米这些食物当中的糖和淀粉）是最现成的能量来源。

蛋白质——帮助恢复体力并合成皮肤、肌肉、血液和骨骼。肉类、鱼类、鸡蛋、坚果、牛奶和奶酪中含有大量蛋白质。

脂肪——主要用于细胞组织的生成，以脂肪层的形式储存起来，为我们的身体提供能量，保持体温。蛋黄、奶酪、坚果、种子、黄油、肉、牛奶中含有较多脂肪。

维生素和矿物质——水果、蔬菜、坚果、鱼、牛奶中含有丰富的维生素和矿物质。经常摄入五彩缤纷的蔬菜和水果，才能确保人体不缺乏各种维生素和矿物质，也才能使身体得到修复，大脑灵活运转。

> **你知道吗？**
>
> 卡路里是热量或能量单位。1卡路里测量的是1克水升高1℃所需的热量。
>
> 1 000卡＝1千卡或4.2焦耳

第四章 科 学

脂肪
蛋白质
维生素和矿物质
碳水化合物

膳食宝塔

科学园地

人的骨骼形成过程是先长软骨，然后再逐渐长成骨头，即骨化和骨骼硬化两个过程。

- 16岁肘部骨骼发育成熟
- 17岁盆骨发育成熟
- 17岁脚踝骨骼发育成熟
- 18岁肩部骨骼发育成熟
- 18岁膝部骨骼发育成熟
- 19岁腕部骨骼发育成熟

心　脏

心脏主要由一块能把血液送到全身的强健肌肉构成。心脏有四个腔室，两个位于上部，两个位于下部。

- 血液首先被运送到到肺部，在那儿获得氧气。
- 然后肺血管把充满氧气的血液运送回心脏，再由心脏把血运送到全身。

103

帮助孩子应对作业

- 脉搏测量的是心脏跳动的速度。
- 在颈部和腹股沟都可以清楚地感觉到脉搏跳动,但在手腕上最容易找到脉搏。
- 用食指和中指按在脉搏上数一数每分钟脉搏跳多少次。

成人的心率因人而异,通常儿童的心跳比较快,健康运动员的心跳比较慢。

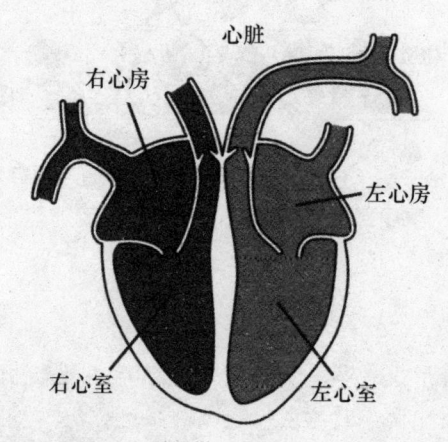

平均每分钟脉搏跳动次数

1周岁婴儿	100~160
1~10岁儿童	60~140
10岁以上儿童及成年人	60~100
顶尖运动员	40~60

实验——自我测试

与身边的人互相测量脉搏,看看自己心跳速度是快还是慢。来回跑几次楼梯后再测一次,停几分钟后再测一次,看看有什么变化。

第四章 科　学

牙　齿

人类的牙齿分三种：犬齿、门牙、臼齿。

- 犬齿和门牙用来咬碎食物，臼齿和前臼齿用来咀嚼食物使食物更容易咽下。
- 牙齿也有血管，负责给牙齿供氧，使牙齿保持生命力。
- 牙冠位于口腔中，牙根在腮骨里面。
- 每一颗牙齿都有一个中央髓腔，周围包裹着牙龈、齿质和珐琅质。
- 蛀牙是由牙菌斑上的细菌或堆积在牙齿上的糖分引起的。

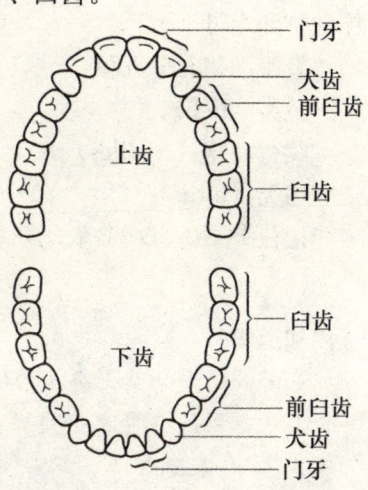

儿童一般有 20 颗乳牙，成人有 32 颗恒牙。

科学园地

　　观察自己家养的宠物或公园、农场、动物园的动物，让孩子从牙齿的形状判断它们是食肉动物、食草动物，还是杂食动物。

生物分类

科学家根据动植物的不同特点将其分类。

105

植物分成**有花植物**和**无花植物**。

动物分为**脊椎动物**（有脊椎）和**无脊椎动物**（没有脊椎）。**无脊椎动物**包括昆虫、蟹（有一个外甲包裹在身体外面）、蚯蚓、软体动物和水母。

脊椎动物有分五种：

鱼类（fish）　　　　　**两栖动物**（amphibians）

爬行动物（reptiles）　　**哺乳动物**（mammals）

鸟类（birds）

记住 FARM B（B农场）就记住了这五个种类。

> **你知道吗？**
>
> 95%的动物是无脊椎动物。它们通常体积较小，不容易被我们注意到。科学家把无脊椎动物分成 30 多种，从简单有机体如海中动物海绵，到昆虫、蜘蛛、甲壳类动物以及软体动物。

生物的共同特点

无论是动物还是植物，单细胞还是多细胞，大还是小，所有有机体都具有以下七个共同特点：

运动——单细胞生物和动物通常整个身体一起运动，而植物和真菌只是身体的某些部位运动。

呼吸——生物通过汲取食物获得能量。多数有机体汲取食物时需要氧气，很多还需要呼吸，吸入氧气，呼出二氧化碳。

知觉——植物和动物都有知觉，即会对刺激作出反应。

生长——对细菌或单细胞生物来说可以是体积增大，也可以是

第四章 科　学

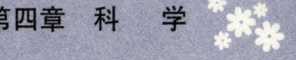

细胞数量增多甚至改变形状。

繁殖——通过细胞分裂，或者通过性繁殖，或通过非性繁殖。

排泄——化学变化、呼吸、养分都会产生一些废料，最后以不同形式排出体外。

养分——动物吃固体和液体食物，植物通过光合作用给自己生产食物，真菌分解并吸收食物。

> **实验——测试你的感觉**
>
> 　　这个实验可以作为派对游戏。一个人把几种烹饪原料分别放进几个小锅里，切记不要让其他人知道。然后让每个人蒙上眼睛依次尝一尝是什么原料？谁猜对的多谁赢。
> 　　这个游戏也可以用捂住鼻子的方法玩儿。
> 　　这个游戏还有一种玩法：拿几件物品盖在一块布下面，事先给每种物品标上号，然后让每个人依次摸这些物品并猜猜是什么。

岩石与土壤

测试土壤年龄时，地理学家用下面这个助记符号记住每种成分：

所有长胡子的人都要买剃须刀（All Hairy Men Will Buy Razors）。

这句话每个英文单词的首字母代表一种物质：空气（Air）、腐殖质（Humus）、矿物盐（Mineral salts）、水（Water）、细菌（Bacteria）、岩石微粒（Particle）。

地质年代阶段与时期	大约年代
前寒武纪时期	540 百万年前
寒武纪时期	505 百万—540 百万年前
奥陶纪时期	438 百万—505 百万年前
志留纪时期	408 百万—438 百万年前
泥盆纪时期	360 百万—408 百万年前
石炭纪时期	290 百万—360 百万年前
二叠纪时期	248 百万—290 百万年前
三叠纪时期	208 百万—248 百万年前
侏罗纪时期	146 百万—208 百万年前
白垩纪时期	65 百万—146 百万年前
第三纪时期	
古新世阶段	54 百万—65 百万年前
始新世阶段	38 百万—54 百万年前
渐新世阶段	24 百万—38 百万年前
中新世阶段	5 百万—24 百万年前
上新世阶段	1.8 百万—5 百万年前
第四纪时期	
更新世阶段	10 000—1 800 000 年前
全新世阶段	10 000 年前至现在

虽然确切日期科学家还有争议，不过下面这些句子可以帮助你记住顺序（每个英语单词首字母代表地质年代英语单词首字母）：

怀孕的骆驼坐的时候很小心（Pregnant Camels Often Sit Down Carefully），也许是因为它们的关节咯咯响？（Perhaps Their Joints Creak?）可能早点抹油能防止痛苦的风湿病（Possibly Early Oiling Might Prevent Painful Rheumatism）。

第四章 科 学

固体、液体、气体

每一种都有不同特性。

固 体

- 形状、体积不变。
- 可以抓住或切分。
- 沙子、面粉等固体可以倾倒，但不会像液体那样流淌。
- 加热时会转变成液体，如巧克力、黄油或糖。
- 固体（晶体）熔化时的温度叫熔点。

> **实验——融化巧克力**
> 测试一下巧克力在不同地方需要多长时间融化。取四块同样大小的巧克力，一块放入盘中置于太阳下，一块放入盘中置于暖气片上，一块放入热牛奶中，另一块放进自己的嘴里。思考巧克力融化后需多长时间才能再凝固？

帮助孩子应对作业

液 体

- 形状改变时，体积不变。
- 可以流动，可以倾倒。
- 不易抓住。
- 加热后变成气体，如水遇热蒸发成气体。
- 液体冷却后变成固体，如水遇冷变成冰。

> **实验——融化冰块**
>
> 用量杯取些热水，放进几块冰。等冰块融化了看看水位有什么变化。还应注意观察水冻成冰时水位是否还是那么高，因为液体变成固体时体积增大。

气 体

- 可蔓延，无形。
- 压缩时体积会改变。
- 有时看不见。
- 冷却时凝结成液体。

> **实验——气体膨胀**
>
> 将气球吹起来，不要太胀。慢慢将气球套在空瓶口上，然后把瓶子直立在热水盆里。等几分钟看看有什么变化。
>
> 气球会继续膨胀，因为气体遇热会膨胀。

第四章 科 学

> **实验——醋火山**
> 你或许想用一个容器来做这个实验,但孩子们喜欢自己造一个更真实的火山。把醋和苏打搅在一起,一会儿就会看到有气泡溢出来。醋里的酸与苏打中的碳酸氢盐发生反应生成碳酸,碳酸分离成水和二氧化碳,于是会产生一些气泡,并发出嘶嘶声。

力与运动

力的单位是牛顿,是根据艾萨克·牛顿(1643—1727)的名字命名的。艾萨克·牛顿因发现了万有引力和三大运动定律而著称。

牛顿的运动定律

第一运动定律——也就是惯性定律。一个物体在没有外力作用时,总是处于静止状态或匀速直线运动状态。例如,坡道上的小汽车会一直往下滑,除非使用制动使它停住。

第二定律——作用力等于物体的质量乘以加速度,公式为 $F=ma$。

第三定律——任何运动都有大小相等、作用相反的两股作用力。这就解释了我们从正在行驶的火车上跳到静止的月台上时为什么能站稳。

力与运动的特点

- 力可以是推力,也可以是拉力。
- 万有引力是把物体拉向地面的力。

- 摩擦力总是减慢运动中的物体的速度。表面越粗糙，摩擦力越大。
- 摩擦力产生热，这就是为什么手冷了搓一搓会变热。
- 速度就是物体运动的等级。
- 速率既指速度，又指运动物体的方向。

> **你知道吗？**
>
> 牛顿是第一位被封为爵士的科学家。他除了研究运动、万有引力、颜色、数学，还发明了家猫进屋时用的活板门。

光的特点

光的速度

- 光以每秒钟 300 000 公里的速度运行。
- 太阳光照射到地球上需要约 7 秒钟。
- 光穿过大气层、水、钻石时，速度减慢。
- 太阳是光和热的源头。
- 月亮不发光，它反射来自太阳的光。

彩虹的颜色

光穿过棱镜时能显示光谱中的 7 种颜色，彩虹产生的原理与此很相像，彩虹就是太阳光射到空气的水滴里，发生了光的反射和折射而形成的。而且 7 种颜色总是按同样顺序呈现：赤、橙、黄、绿、青、蓝、紫。

你知道吗?
狗是色盲,它的世界是一片灰色。

实验——制作彩虹
把一杯盛有水的玻璃杯拿到有阳光的窗前,放一张白纸在杯子下面,太阳光会穿过水折射到纸上,这样你就能见到彩虹了。

原色与合成色

光的原色是蓝、绿、红三种颜色,这三种颜色混合在一起就成了白色。

黄、品红、青绿色属于合成色,可用来调制其他颜色。

看见东西

光照在物体上,它会反射到我们的眼睛里,于是我们就看见了这个物体。

电

- 电是能量。
- 它通过一个闭合的电路形成电流。
- 所有的电路图都需要一个电源,它可以是一只电池,或是发电站,可以是风能发电、太阳能发电,也可以是水力发电。

帮助孩子应对作业

- 电可以穿过金属、水等导体。

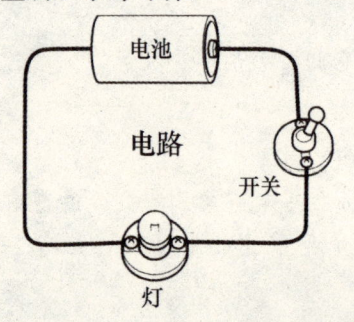

电池
电路
开关
灯

你知道吗？

闪电是云层中的电子受地面上质子的吸引而形成的一股巨大静电。

- 由于我们人体中 90% 是水，这就意味着人体是很好的电导体。
- 绝缘体不导电，如塑料、橡胶、玻璃、木头等，这些物质常用在电缆外层，起到绝缘电的作用。

静　电

每种物体都是由原子构成的，原子里的微粒叫电子和质子。质子带正电荷，电子带负电荷，这些正负电荷能相互抵消。但是电子的运动会打破这种平衡并产生静电。一种运动方式就是通过两个物体相互摩擦，例如，你脱毛衣时，头发会产生静电竖起来。

实验——带静电的气球

拿一个气球在毛衣上或头发上摩擦，气球会带额外电子。将气球靠近中性物体的表面，如墙、天花板，气球就会粘在这个物体上。

天　文

地　球

地球是太阳系中的星球之一，以每小时约 112 654 公里的速度绕太阳运转，离太阳约 1.5 亿公里的距离，绕太阳转一圈需一年时间。地球不仅绕太阳转，同时围绕轴线（假想的穿过北极和南极的一条线）自转，自转一圈需要 24 小时，这就是为什么有白天也有黑夜。

大气层

- 地球周围的大气层分为 5 个气体层，因为地球的吸引力，它们总处于一定位置上。
- 大气层中 20% 是氧气。
- 氮气占 30%。
- 二氧化碳占 0.038 5%。
- 氩气不到 1%。
- 水蒸气约占 1%。

大气层的结构：

对流层——离地球最近，天气现象发生在这一层。

平流层——含有臭氧层，飞机在这一层飞行。

中间层——流星在这一层烧毁。

暖层——最厚的一层，空气较稀薄，气温随太阳活动而变化，通常可达 1 000℃。

散逸层——这一层几乎没有任何气体，气象卫星在这一层运行。

帮助孩子应对作业

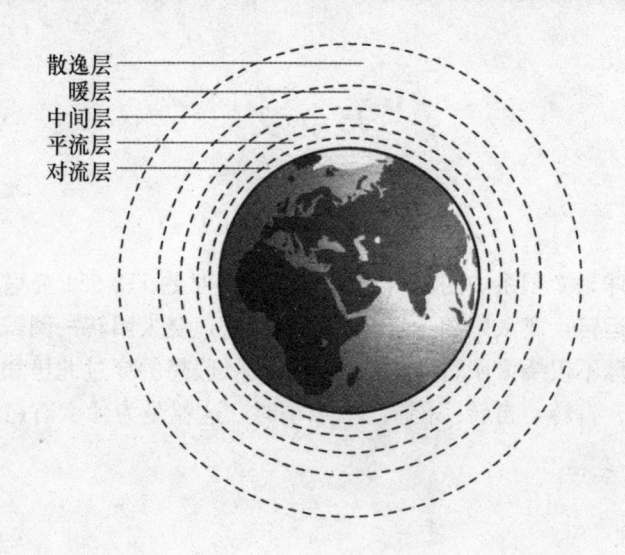

散逸层
暖层
中间层
平流层
对流层

地球内部

- 地球的表层叫地壳，由分开的岩石板块构成。这些岩石板块在运动中相互碰撞、摩擦，于是产生地震。
- 地壳最大厚度是50公里。
- 地壳下面一层是地幔，这一层基本上呈液体状。
- 再往下是外核，这一层也是液体且处于不断运动中。
- 地球的中心称为内核，是固体金属，主要是铁。
- 火星、金星、水星也有岩石外壳和固体金属内核。

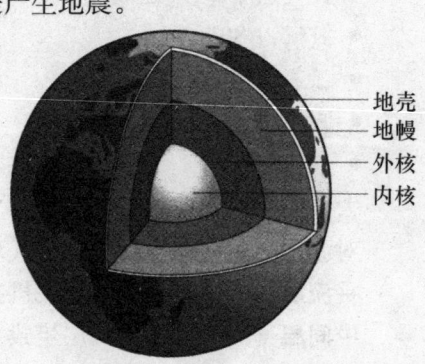

地壳
地幔
外核
内核

地球的构造

第四章 科　学

月　球

与地球一样，月球也是球体，但只有地球的 1/4 大，距离地球 384 400 公里。地球的引力使月球旋转，绕地球转一圈需要 28 天。月球也自转，自转一圈也是 28 天，这样就意味着月球朝着我们的总是同一面。

月亮的相

月亮自身不发光，它反射太阳的光。在月亮绕地球转动的过程中，我们看到的是太阳光照射到的部分，这就是月亮的相。

D－渐满（waxing）　　O－满月（full）　　C－渐缺（waning）

要弄清楚月亮渐满还是渐缺，记住下面这句话：
When coming, the moon is really departing. （来时，月亮要离去。）
When departing, it is really coming. （去时，月亮就要来。）
也就是说，如果月亮呈 C 字形（coming，来），月亮渐缺，逐渐变小；如果月亮呈 D 字形（departing，去，离开），月亮渐满，逐渐变小。

太　阳

太阳是恒星，它是一个充满爆炸性气体的球体。氢原子集聚在一起形成氦，这一核聚变的过程放射出光和热。没有阳光，地球上

帮助孩子应对作业

就没有生命。
- 太阳的直径达 140 万公里。
- 太阳表面出现的颜色黑暗、温度较低的区块叫太阳黑子或日斑。
- 太阳黑子有时会形成较大黑子群。
- 日晕是太阳光折射形成的。
- 太阳的引力将其他天体锁定在 60 亿公里的轨道上运行。
- 太阳风是太阳吹向宇宙太空的带电粒子流。
- 太阳风经常吹到地球表面，只是通常没有被人注意到。
- 地磁风暴会破坏电力网。当高能带电粒子流与北极和南极上空地磁接触时就形成北极光和南极光。

太阳系

截至 2006 年冥王星被降级，太阳系共有八大行星。从距离太阳最近的行星算起，它们依次是：

水星 金星 地球 火星 木星 土星 天王星 海王星

水星 金星 地球 火星 木星 土星 天王星 海王星

为了便于记忆，可以记八大行星的开首字，如：水金地火木土天海。

按照体积从小到大的顺序排列，依次是：木土天海地金火水。

太阳系还有：

小行星——指与其他行星一样在太阳轨道上运行的大块岩石和

金属，大部分都在火星与木星之间的小行星带上。

彗星——是巨大的冰冻物质，离地球较近时可看见。彗星有时带有一条光亮的尾巴。

流星——流星是一些宇宙尘埃和固体块，降落时被称为流星，大多数在地球的大气层就燃尽了，落到地面的叫陨石。

卫星——很多行星都有自己的卫星，有些还不止一两颗卫星。例如，木星有五大卫星（木卫一、木卫二、木卫三、木卫四、木卫五），但天文学家已知的卫星就有36颗，还有一些尚未被发现。

光　年

宇宙太空的距离非常广大，只能用光年表示。一光年大约等于94 600亿公里，是光一年行走的距离。

第五章

世 界

帮助孩子应对作业

历 史

  历史是对过去时光的见证。它照亮真理、鲜活记忆、指引生活，并把古时潮流展现在我们眼前。

——西塞罗（公元前106—前43年）

  历史应该是最能使人兴奋的一门功课了，它的名称就已暗示了这一点。历史即故事——是有关人、地方、政治、国王、战争、宗教、艺术、建筑、科学、技术等的故事。最重要的是，它讲述的是普通人的生活以及时代的变迁，向我们展示过去发生的事情在怎样塑造着今天和未来。

  尽管历史不只是年代和事件，但对年代和事件框架有所了解非常重要。当然，本书不可能涵盖每一历史事件和人物，因特网和历史书上可获得大量详细信息。

教师寄语

  协助孩子挑选一个有趣的历史人物，鼓励他们查一些有关这个历史人物的资料，越多越好。让孩子思考该人物所处时代的生活是怎样的，与今天的生活有什么不同。

世界历史重要年代

  约公元前3500年——两河流域的人们发明了轮子和犁头，古埃及人发明了船，三大发明从根本上改变了商业、农耕和海上探险的状况。

第五章 世 界

约公元前 3200 年——苏美尔人在美索不达米亚发明楔形文字，采用符号和图形。人们对世界上最早的文字是什么还有争议。考古学家在埃及、中国、巴基斯坦都发现了古老的黏土刻写板。有人认为，新石器时代中东地区的洞穴画家早在公元前 9500 就开始使用符号文字了。

公元前 3100 年——巨石阵出现巨大石柱群。这是一个巨大的土木工程，有沟渠道、土墩和坑道。

公元前 2737 年——中国神农氏发现了茶。

公元前 2680 年——法老卓瑟王的阶梯金字塔（第一座金字塔）在塞加拉建成。

公元前 2560 年——法老胡夫的大金字塔在吉萨建成，是迄今最大型的石料建筑，数不清由多少块石头砌成。

约公元前 1600 年——希腊文明开始，随之出现了现代仍在使用的字母表和早期数学、哲学、医学、政治思想。

约公元前 1270 年——摩西带领以色列人逃出埃及。

约公元前 1200 年——铁器出现在安纳托利亚和欧洲。也有资料显示，铁制品始于公元前 1800 年的印度。

公元前 753 年——罗马被发现。神话故事里讲，罗穆卢斯和瑞摩斯——艾妮斯的两个被狼养大的孪生后代，建立了罗马城。

公元前 563 年——佛教创始人乔达摩·悉达多诞生。

约公元前 551 年——中国的孔子诞生。

公元前 509 年——罗马共和国成立。

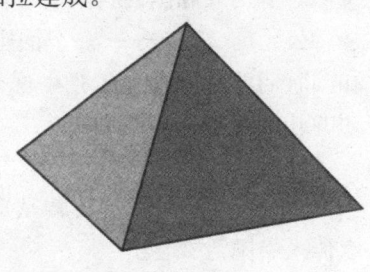

公元前 507 年——雅典建立民主政体。

公元前 490 年——马拉松战役爆发，希腊人敌败波斯人的侵略。

公元前 336 年——亚历山大大帝战胜自己的父亲腓力二世当上皇帝，随后开始了一系列扩张马其顿帝国的战争。公元前 327 年侵占印度，公元前 323 年死于巴比伦，当时他只有 32 岁。

约公元前 300 年——中国开始建造抵御外来侵略的万里长城。

约公元前 105 年——开辟丝绸之路。

公元前 55 年——朱利乌斯·凯撒率领第一批罗马人占领大不列颠。

公元前 44 年——3 月 15 日，朱利乌斯·凯撒被布鲁图暗杀。凯撒对罗马共和国转为罗马帝国起了重要作用。

公元前 27 年——罗马帝国建立（公元 476 年在西欧衰落）。共和国时期罗马已得到扩张，但公元前 27 年标志着罗马帝国强盛时期的开始。

公元前 5 年——（可能）耶稣诞生。

约公元 58 年——佛教从印度传入中国。

79 年——维苏威火山喷发，庞贝和赫基雷尼亚两座古城被埋葬。

105 年——中国人发明了纸。因其制造简单、经济，很快取代了石头、石板和草纸。

221 年——中国战国时期七大诸侯国之一的秦国，消灭了其他六国，完成了中国的统一。

312 年——罗马皇帝康斯坦丁改信基督教，此后基督教在欧洲广泛传播。

第五章 世　界

450 年——盎格鲁-撒克逊人侵占不列颠。

476 年——罗马帝国向西扩张，直到1453 年疆域扩张至拜占庭（也就是君士坦丁堡）。

570 年——穆罕默德在麦加诞生。

711 年——摩尔人从西哥特人手中夺取西班牙。

约 730 年——中国发明印刷术。

800 年——查理曼大帝被加冕，成为西欧神圣罗马帝国开国皇帝。

860 年——北欧海盗进入冰岛。

约 986 年——"红头发"埃里克在格陵兰岛建立海盗殖民地。

约 1000 年——海盗探险者利夫·埃里克森在加拿大附近岛屿登陆，最后驻扎纽芬兰岛。

1002 年——利夫的弟弟托瓦尔德在美洲建立殖民地。

1054 年——基督教第一次大分裂，分成了基督教与希腊正教。

1066 年——黑斯廷斯战役。威廉带领诺曼人攻占不列颠，这是英国最后一次遭受侵略。

1088 年——世界上第一所大学在意大利博洛尼亚建立。

1096 年——第一支十字军向巴勒斯坦地区的穆斯林发起进攻。

1206 年——成吉思汗开始征战亚洲。

1215 年——成吉思汗占领北京。

1215 年——约翰王签署《大宪章》，国王的权力首次受到限制。《大宪章》通常被看成是君主立宪思想的开始，对民主制度的发展产生了深远影响。

1220 年——印加文明在秘鲁建立。

1227 年——成吉思汗逝世。

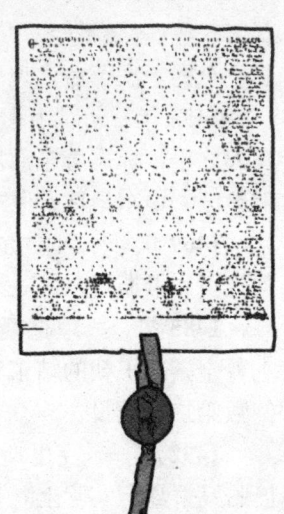

125

1240 年——蒙古人攻陷俄罗斯基辅。

1271 年——马可·波罗到达亚洲和中国，24 年之后（1295 年）返回他的家乡威尼斯。

1325 年——中美洲的阿兹特克人建立了特诺奇蒂特兰城，也就是今天的墨西哥城。

1337 年——英国与法国之间爆发了百年战争，一直持续到 1453 年才结束。

1347 年——始于亚洲的黑死病传到欧洲。这场瘟疫波及整个欧洲大陆将近 2 500 万人口，影响到社会、政治秩序，宗教信仰，以及艺术、文学等各个领域。

1368 年——中国明朝建立，蒙古人的统治结束。

1382—1384 年——约翰·威克利夫将《圣经》译成了英语。

1387—1400 年——杰弗里·乔叟写成《坎特伯雷故事集》一书。

1420 年——郑和船队首航好望角。

1450—1455 年——约翰内斯·古滕堡发明了一种活字机械印刷术。《古腾堡圣经》是用这种印刷术印刷的第一本书，标志着印刷史上的一次革命，现今完整保存的只有 21 本。

1453 年——君士坦丁堡陷入穆罕默德二世率领的奥斯曼土耳其人之手，标志着东部罗马帝国灭亡。土耳其人开始了对地中海东部地区、中东地区、北非长达 500 年的统治。

1469 年——阿拉贡国王斐迪南与西班牙女王伊莎贝拉联姻，阿拉贡和卡斯提尔统一。

1485 年——理查德三世在博斯沃思战场被亨利七世击败，标志着金雀花王朝的结束和都铎王朝的开始。这次战役是玫瑰战争的倒数第二场战役。

1492 年——克里斯托夫·哥伦布发现新大陆，10 月 12 日登上巴哈马群岛。实际上，1498 年他第三次航行时才踏上南美大陆。

第五章 世　界

1497 年——达·伽马从葡萄牙出发远航印度。

1502 年——第一批非洲奴隶到达美洲西班牙殖民地。非洲奴隶首次被运送到北美弗吉尼亚是在 1619 年。

1504—1508 年——德国的彼得·亨莱因发明了世界上第一块怀表。这种表可携带，但报时不太准确。享有制造出世界上第一块腕表的美誉的是百达翡丽公司，于 19 世纪末制造出女士戴的腕表。

1508—1512 年——米开朗基罗为罗马西斯廷教堂绘制天花板。

1517 年——马丁·路德把 95 条论纲钉在维滕堡诸圣教堂的大门上，发起宗教改革。从此，基督教新教开始。

1519—1520 年——科尔特斯开始攻占墨西哥并占领阿兹特克首都特诺奇蒂特兰城。

1520 年——科尔特斯引进巧克力至西班牙。哥伦布曾经品尝过巧克力，但没有太在意。1585 年，第一批巧克力从墨西哥的维拉克鲁斯运到了西班牙的塞维利亚。直到 1657 年，伦敦才有了第一家巧克力屋。

1532 年——西班牙殖民者发现安第斯山生长着大片马铃薯。16 世纪后半叶，马铃薯传到了欧洲。

1534 年——亨利八世通过《至尊法案》并成为新成立的英格

兰教会领袖。

1543 年——哥白尼提出日心说。

1564 年——威廉·莎士比亚出生于埃文河畔斯特拉特福镇，时间是 4 月 23 日（圣乔治日）。

1576 年——马丁·弗罗比歇从英国出发开始了探索英国西北航道的第一次航行。

1583 年——第一批英属殖民地在纽芬兰和北美建立。

1588 年——西班牙无敌舰队被英国海军舰队击败。

1605 年——试图炸毁英国国会大厦的"火药阴谋"遭挫败。每年 11 月 5 日的盖伊·福克斯之夜用来纪念此事件。

1607 年——英国第一个永久性殖民地在北美弗吉尼亚詹姆斯城建立。

1609—1610 年——亨利·哈得孙率队探索西北航道。

1611 年——《詹姆士王译本圣经》（也叫《钦定英译圣经》）出版。

1620 年——朝圣者之父乘坐"五月花号"开往新世界（北美洲）。他们在科德角登陆，在马萨诸塞州普利茅斯建立了殖民地。

1642—1651 年——英国内战。

1649 年——查尔斯一世被处死。

1649—1660 年——英联邦建立。

1653—1658 年——奥利弗·克伦威尔担任英联邦护国公。

1660 年——恢复君主政体，查尔斯二世成为英国国王。

1666 年——伦敦大火烧毁了大半座古城。

1676 年——丹麦天文学家罗默计算出光的速度。

1678—1682 年——法国探险家罗贝尔从拉萨勒沿密西西比河下行到达墨西哥湾，以国王路易十七的名义占有了路易斯安那。

1685 年——伟大的音乐年，巴赫、汉德尔、拉莫等音乐家

第五章 世 界

诞生。

1687 年——艾萨克·牛顿爵士出版《自然哲学的数学原理》，书中描述了万有引力和物体运动的三大定律。

1756 年——1 月 27 日，沃尔夫冈·阿马迪厄斯·莫扎特出生。

1767 年——珍妮纺织机问世。纺织机械化标志着纺织工业的开始。

1769 年——詹姆斯·库克乘坐远航船"奋进号"抵达塔西提岛，发现新西兰东海岸。

1770 年——库克在澳大利亚的博特尼湾上岸。

1770 年——路德维希·凡·贝多芬在德国波恩出生。

1775 年——英属北美的 13 个殖民地反抗英国殖民统治，爆发独立战争。1783 年《巴黎条约》签署，战争结束。

1776 年——7 月 4 日，美国宣布独立。

1778 年——库克航行至三明治群岛，即今天的夏威夷。

1787 年——开国元勋制定《美国宪法》——最早的也是迄今最简短的美国宪法。

1789 年——法国革命推翻了法国的君主制度，建立了共和国。1789 年 7 月 14 日，巴黎巴士底狱发生暴动；1793 年，路易十六和玛丽·安托瓦内特被推上断头台（这一年也是恐怖统治的开始）；1799 年拿破仑担任法兰西第一共和国第一任执行官，1804 年 12 月称帝。

1795 年——英国航海家乔治·巴斯和马修·弗林德斯首次探索澳大利亚东海岸。

1796 年——爱德华·詹纳接种牛痘预防天花的实验取得成功。

1805 年——10 月 21 日，海军总司令纳尔逊勋爵在特拉法尔加海战中中弹身亡，拿破仑被击败。

1807 年——英国废除黑奴买卖。（直到 1833 年《废除奴隶制度

129

法案》颁布，奴隶制才被视为非法。）

1814 年——新奥尔良战役（1812 年爆发的英美战争的最后一场战役）。1815 年，安德鲁·杰克逊终于打败英国侵略军。

1815 年——6 月 18 日滑铁卢战役，标志着拿破仑的失败和帝国解体。

1829 年——斯蒂芬森为利物浦曼彻斯特铁路线发明"火箭号"机车，预示着蒸汽铁路时代的到来，铁路运输开始变得经济、快捷。

1831 年——12 月 27 日，查尔斯·达尔文乘坐英国海军"小猎犬号"开始了为期 5 年的环球科学探险考察。

1833 年——英国政府制定《废除奴隶制度法案》。

1839—1842 年——中英第一次鸦片战争爆发。

1842 年——鸦片战争结束，中国割让香港给英国。

1845—1852 年——爱尔兰爆发特大饥荒。罗伯特·皮尔废除《谷物法》，鼓励自由贸易。大批人从爱尔兰移居美国。

1848 年——欧洲革命开始。卡尔·马克斯和弗里德里希·恩格斯出版《共产党宣言》。

1850—1864 年——反对清王朝——中国最后一个帝王朝代的太平天国运动爆发。

1853—1856 年——克里米亚战争。在这场战争中，弗洛伦

第五章 世　界

斯·南丁格尔开始了现代护理事业。通信员从前线发回了有关她的报道。

1859 年——达尔文的《物种起源》由约翰·默里公司组织出版，该书主要阐述了进化论。

1861—1862 年——约翰·斯图尔特完成了横穿澳大利亚的探险。

1861—1865 年——美国内战（也称南北战争）爆发。参战双方是美国南部 11 个联邦州与胜利联盟。

1863 年——伦敦地铁开始修建。

1875 年——亚历山大·格拉汉姆·贝尔发明电话。亨利和彼得发明牛奶巧克力。

1876 年——卡斯特将军打完与北美印第安人的最后一战"小巨角河战役"。

1885 年——世界第一座摩天楼——家庭保险大楼在芝加哥建成。

1885 年——卡尔·奔驰制造出第一辆以汽油为燃料的小汽车。

1893 年——新西兰实行妇女投票权,这在世界上是最早的。英国 1918 年开始实行,美国 1920 年开始实行。

1898 年——皮埃尔·居里和玛丽·居里发现镭。

1903 年——12 月 17 日,莱特兄弟成功进行首次飞行。

1905—1916 年——阿尔伯特·爱因斯坦发表论文阐述相对论。

1909 年——美国海军工程师罗伯特·皮尔里和马修·汉森宣称到达北极。

1911 年——阿蒙森超越了英国的罗伯特·斯科特,成为世界上第一位到达南极的人。

1912 年——斯科特与其他 4 位探险家 1 月到达南极,2 月死于严寒。

1912 年——4 月 14 日,永不下沉的"泰坦尼克号"撞冰山后沉没。

1912 年——最早的快餐店在纽约开业。

1914—1918 年——第一次世界大战在欧洲爆发。哈布斯堡皇室、奥斯曼帝国、德意志帝国相继衰落,欧洲和中东地区版图重新划分。

1917 年——俄国革命推翻沙皇统治,建立革命者政权。

1919 年——圣雄甘地在印度开始了反对英国统治的运动。

1922 年——霍华德·卡特掘开尼罗河底比斯附近的国王山谷图坦卡门之墓,墓穴几乎完好无损。

1925 年——为寻找理想黄金国,福西特上校横穿巴西并失踪。

1926 年——约翰·罗杰·贝尔德发明电视并首次作公众示范。

1929 年——"华尔街股灾"标志着全球经济大萧条时期开始。

1933 年——希特勒担任德国总理。

第五章 世界

1936—1939 年——西班牙内战。佛朗哥将军被任命为国家首领。

1937—1945 年——中日战争。

1938 年——匈牙利的拉迪斯洛·比罗发明第一支圆珠笔。

1939—1945 年——第二次世界大战全面爆发。

1945 年——美国向日本广岛和长崎投放两枚原子弹。

1945 年——胡志明宣布越南独立。

1945 年——10 月 24 日,《联合国宪章》生效,联合国正式成立。

1946—1949 年——希腊共产党与保皇党之间爆发内战。

1947 年——印度独立,原有版图分裂成印度和巴基斯坦。

1948 年——以色列宣布成立。

1949 年——中华人民共和国成立。

1950—1953 年——朝鲜战争。

1955 年——马丁·路德·金领导蒙哥马利公共汽车抵制运动等民权运动。

1957 年——俄国发射第一颗人造地球卫星"旅行者号"。

1958—1959 年——杰克·基尔比和罗伯特·罗伊斯发明集成电路(硅片)。

1961 年——俄国天文学家尤里·加加林成为全世界第一个在太空行走的人。

1961 年——柏林墙建成,柏林被分成东西两半。柏林墙于 1990 年被拆除。

1963 年——11 月 22 日,肯尼迪总统在得克萨斯州达拉斯市被暗杀。他是历任总统中最年轻的一位,仅任职 1 000 日。

1968 年——4 月 4 日,马丁·路德·金在田纳西州孟菲斯市被杀。

1969 年——美国发射阿波罗 11 号,尼尔·阿姆斯特朗成为第

帮助孩子应对作业

一个在月球上行走的人。第二位是巴兹·奥尔德林。

1989—1990 年——随着苏联解体，共产党政体在欧洲垮台。

1993 年——11 月 1 日，签署《马斯特里赫特条约》，欧洲联盟成立。

1994 年——南非种族隔离政策结束，纳尔逊·曼德拉当选总统。

2001 年——9 月 11 日，恐怖分子用民航客机自杀式袭击美国世界贸易中心，两幢 110 层摩天大楼倒塌。

给家长的提示

　　从一些绘画和艺术品可以看到更真切的历史。多带孩子参观博物馆和艺术廊，注意那些吸引你孩子的历史事件和人物。

英国的国王与女王

威塞克斯王朝

　　埃格伯特（827—839 年）
　　埃塞尔沃夫（839—858 年）
　　埃塞尔巴德（858—860 年）
　　埃塞尔伯特（860—865 年）
　　埃塞尔烈德一世（865—871 年）
　　阿尔弗烈德（871—899 年）

第五章 世　界

爱德华一世（899—924 年）
埃塞尔斯坦（924—939 年）
爱德蒙一世（939—946 年）
埃德烈德（946—955 年）
埃德威格（955—959 年）
埃德加（959—975 年）
爱德华二世（975—978 年）
埃塞尔雷德二世（978—1016 年）
埃德蒙二世（1016 年）

丹麦王朝

克努特一世（1016—1035 年）
哈罗德一世（克努特的儿子）（1035—1040 年）
哈迪卡努特（1040—1042 年）

威塞克斯王朝（续）

忏悔者爱德华（1042—1066 年）
哈罗德二世（1066 年）

诺曼王朝

威廉一世（1028—1087 年）
威廉二世（1060—1100 年）
亨利一世（1100—1135 年）
斯蒂芬（1135—1154 年）

帮助孩子应对作业

安茹金雀花王朝

亨利二世（1154—1189 年）
理查一世（1189—1199 年）
约翰（1199—1216 年）
亨利三世（1216—1272 年）
爱德华一世（1272—1307 年）
爱德华二世（1307—1327 年）
爱德华三世（1327—1377 年）
理查二世（1377—1399 年）

兰开斯特金雀花王朝

亨利四世（1399—1413 年）
亨利五世（1413—1422 年）
亨利六世（1422—1461 年，1470—1471 年）

约克金雀花王朝

爱德华四世（1461—1470 年，1471—1483 年）
爱德华五世（1483 年）（仅在位 4 个月）
理查三世（1483—1485 年）

都铎王朝

亨利七世（1485—1509 年）
亨利八世（1509—1547 年）
爱德华六世（1547—1553 年）
简·格雷（1553 年）（仅在位 9 天）

玛丽一世（1553—1558 年）
伊丽莎白一世（1533—1603 年）

斯图亚特王朝

詹姆斯一世（苏格兰第四位国王）（1603—1625 年）
查理一世（1625—1649 年）

英联邦

护国公奥利弗·克伦威尔（1653—1658 年）
护国公理查·克伦威尔（1658—1659 年）

斯图亚特王朝（续）

查理二世（1660—1685 年）
詹姆斯二世（1685—1688 年）

奥兰治与斯图亚特王朝

威廉三世，玛丽二世（1689—1702 年）
安妮（1702—1714 年）

汉诺威王朝

乔治一世（1714—1727 年）
乔治二世（1727—1760 年）
乔治三世（1760—1820 年）
乔治四世（1820—1830 年）
威廉四世（1830—1837 年）
维多利亚（1837—1901 年）

萨克森-科堡-哥达王朝

爱德华七世（1901—1910 年）

温莎王朝

乔治五世（1910—1936 年）
爱德华八世（1936 年）（仅在位 11 个月，12 月 10 日退位）
乔治六世（1936—1952 年）
伊丽莎白二世（1952 年至今）

经典顺口溜和记忆技巧

有一些经久不衰的顺口溜和助记符号可以帮助孩子记住这些重大日期和事件。

历史进程

学生经常早上吃葡萄（Pupils Eat Grapes Regularly During Morning）。在厕所登记（Registration in Toilets）。

以上两个句子英文单词首字母分别代表不同历史时期：史前（Prehistoric）、埃及（Egyptian）、希腊（Greek）、罗马（Roman）、黑暗时代（Dark Ages）、中世纪（Medieval）、文艺复兴时期（Renaissance）、工业革命（Industrial revolution）、20 世纪及以后（Twentieth century and beyond）。

古代世界七大奇迹

下面这首打油诗已传颂 100 多年。

第五章 世界

一大奇迹金字塔，埃及建造鸣天下。
巴比伦国王宠王妃，空中花园不昂贵。
摩索拉斯基陵墓，王后追忆亡夫灵。
以弗所筑神殿，阿耳忒弥斯女神被纪念。
罗德斯岛神秘岛，太阳神巨像无踪影。
奥林匹亚宙斯像，菲狄亚斯亲手造。
重返埃及大灯塔，七大奇迹忘不了。

这首打油诗指的是：

1. 吉萨大金字塔。
2. 巴格达巴比伦空中花园。
3. 古希腊摩索拉斯基陵墓。
4. 以弗所（现在称艾菲索斯）阿耳忒弥斯神殿。
5. 罗德斯岛太阳神巨像。
6. 奥林匹亚宙斯神像。
7. 亚历山大港灯塔，或法洛斯

现在，七大奇迹中仅存的只有埃及吉萨金字塔。

> **给家长的提示**
>
> 　　体验一下罗马人的生活，或尝试一下罗马人的食物。鱼酱、蜂蜜、松果、醋、油、香料（包括肉桂、小茴香、肉豆蔻、多香果）是罗马风味的食物常用的调料。罗马人的确吃饲养的睡鼠，不过你可以用鸡腿、卤汁、醋和胡椒代替。罗马人还喜欢吃甜点，创造了一种加凝乳和蜜糖的奶酪蛋糕。如果你想亲自动手试一试，罗马著名主厨阿比修斯的烹饪书现在还可以买到。你甚至可以全副武装成一名主厨的样子！

帮助孩子应对作业

亨利八世的妻子

凯特，安妮，简
安妮，凯特，凯特……

阿拉贡凯瑟琳（1485—1536），1509 年结婚。
安妮·博林（1507—1536），1533 年结婚。
简·西摩（1515—1557），1536 年结婚。
克斯的安妮公主（1515—1557），1540 年结婚。
凯瑟琳·霍华德（1521—1542），1540 年结婚。
凯瑟琳·帕尔（1512—1548），1543 年结婚。

美国之父

亚当会与弗兰克一起做果酱吗？（Will Adam Join Frank Helping Make Jam?）

英文单词首字母分别代表：乔治·华盛顿（George Washington）、约翰·亚当斯（John Adams）、托马斯·杰斐逊（Thomas Jefferson）、本杰明·富兰克林（Benjamin Franklin）、亚历山大·汉密尔顿（Alexander Hamilton）、詹姆斯·麦迪逊（James Madison）、约翰·杰伊（John Jay）。

拉什莫尔山的总统石雕像

我们就喜欢拉什莫尔山（We Just Like Rushmore）。

英文单词首字母分别代表乔治·华盛顿（George Washington）、托马斯·杰斐逊（Thomas Jefferson）、亚伯拉罕·林肯（Abraham Lincoln）、西奥多·罗斯福（Theodore Roosevelt）。

第五章 世 界

地 理

> 数学很难，也很枯燥。地理却使我感到愉快。
> ——约翰·詹姆斯·奥杜邦，美国画家、博物学家

地理是一门关于我们赖以生存的世界的学科，包括地貌、气候、地理位置、环境、人以及人对世界造成的影响等。与历史一样，地理也不只是事实和数据，但事实和数据有助于我们更好地了解这个世界。

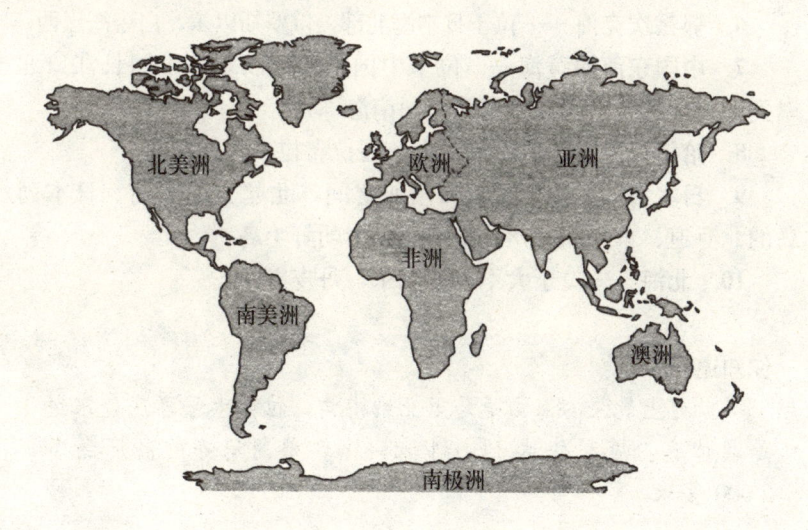

海 洋

世界上主要有四大洋：印度洋、北冰洋、大西洋和太平洋，有时还加上一个南洋。也有人把北冰洋归为大西洋的一部分。

帮助孩子应对作业

尽管每个人都知道"航七海"这句话，但整个世界其实不止七个海域。

世界十大海域

1. **中国南海**——位于亚洲与菲律宾之间。
2. **加勒比海**——位于中美洲东部。
3. **地中海**——位于非洲和欧洲之间。
4. **白令海**——位于阿拉斯加和俄罗斯之间，北部是北冰洋，南部是太平洋。
5. **墨西哥湾**——位于墨西哥以东，美国东南各州以南。
6. **鄂霍次克海**——位于日本海北部，俄罗斯以东，白令海以西。
7. **中国东海和黄海**——位于中国东部，以北是中国长江口北岸到韩国济州岛一线，以南是中国南海。
8. **哈得孙湾**——位于加拿大，在拉布拉多海的西部。
9. **日本海**——位于日本和东亚之间，北起为库页岛、日本列岛的北海道、本州和九州；南部边界为朝鲜半岛。
10. **北海**——位于大不列颠以东，丹麦以西。

> **你知道吗？**
> 世界上最深的海沟是马里亚纳海沟，位于太平洋底，东边是菲律宾。最深处达 11 034 米，比珠穆朗玛峰的高度还多 2 000 多米。

世界长河

人们对如何计算河流的长度、支流一直存在争议。不过，记开

第五章 世 界

首字可以帮助我们记住这些河流名称，如尼、亚、密、额、扬、阿、刚、黄。

尼罗河（埃及）

亚马孙河（巴西）——流量最大的河。

密西西比-密苏里河（美国）——是一个并在一起的河流系统。

额尔齐斯河（俄罗斯）

扬子江（中国，也就是长江）

阿穆尔河（俄罗斯）

刚果河（扎伊尔河，刚果）

黄河（中国）

比较准确的世界十大长河是：

1. **尼罗河**（埃及）6 670 千米
2. **亚马孙河**（巴西）6 400 千米
3. **扬子江，或长江**（中国）6 380 千米
4. **密西西比-密苏里河**（美国）6 275 千米
5. **叶尼塞-安加拉河**（俄罗斯）5 539 千米
6. **黄河**（中国）5 464 千米
7. **额尔齐斯河-鄂毕河**（俄罗斯）5 410 千米
8. **巴拉那-拉普拉塔河**（阿根廷）4 880 千米
9. **刚果河，或扎伊尔河**（扎伊尔/刚果）4 700 千米
10. **湄公河**（越南/柬埔寨）4 500 千米

大 陆

没有严格的划分大陆的标准。世界通常被划分为七大洲，按照从大到小的顺序依次是：

143

帮助孩子应对作业

1. 亚洲
2. 非洲
3. 北美洲
4. 南美洲
5. 南极洲
6. 欧洲
7. 澳洲

> **你知道吗？**
>
> 格陵兰岛是世界上最大的岛屿，面积 2 166 086 平方公里。澳洲虽然也是岛屿，但被公认为世界上最小的洲，面积 7 686 850 平方公里。
>
> 岛屿通常被看作离它最近的大陆的一部分。例如，大不列颠和冰岛被认为是欧洲的一部分，而马达加斯加岛则被认为是非洲的一部分。
>
> 一些地理学家把澳洲以及附近一些太平洋岛屿统称为大洋洲。

山　脉

山脉是几千年前地球板块运动、火山喷发、冰川作用时形成并保存下来的。一般来说，海拔高度达到 600 米的才算作山脉，否则只能称为小山丘。

世界十大高山都在喜马拉雅山系：

1. **珠穆朗玛峰**（中国/尼泊尔）8 850 米
2. **乔戈里峰**（中国/巴基斯坦）8 611 米
3. **干城章嘉峰**（印度/尼泊尔）8 586 米

第五章 世界

4. 洛子峰（中国/尼泊尔）8 516 米
5. 马卡鲁峰（中国/尼泊尔）8 481 米
6. 卓奥友峰（中国/尼泊尔）8 201 米
7. 道拉吉里峰（尼泊尔）8 172 米
8. 马纳斯鲁峰（尼泊尔）8 156 米
9. 南迦帕尔巴特峰（巴基斯坦）8 126 米
10. 安纳普尔纳峰（尼泊尔）8 078 米

还有 23 座高峰海拔都在 7 000 米以上，全都在亚洲。

其他洲最高山峰分别是：

南美洲——阿空加瓜山（阿根廷）6 960 米

北美洲——麦金利山（美国阿拉斯加州）6 194 米

非洲——乞力马扎罗山（坦桑尼亚）5 895 米

南极洲——文森山 4 897 米

欧洲——勃朗峰（法国/意大利）4 811 米

大洋洲——威廉山（巴布亚新几内亚）4 508 米

最活跃的火山

火山通常出现在地壳板块断裂线上，有熔岩、灰烬、毒气从断裂线破裂处或破口不断涌出，活动状况因时而异。不过，有三座火山已经持续喷发了许多年。

埃特纳火山在意大利的西西里岛，是欧洲最大的火山，已经喷发 3 000 多年了。它的平均海拔高度为 3 350 米，每次喷发后高度都有所变化。最近一次喷发是在 2010 年，喷出的主要是灰烬。

斯特龙博利岛是意大利西西里岛北部海岸线以外伊奥里亚人居住的小岛之一，是一个火山岛，已喷发 2 000 多年。每次喷发规模都很小，而且都在顶峰。最大一次喷发是在 2008 年，岛上 700 居

帮助孩子应对作业

民全部撤离。山口距海平面 926 米高，但海平面以下有 2 000 米深。

亚苏尔火山在太平洋西南部，是"太平洋火环"上 83 个岛屿之一，已喷发 800 多年。库克船长 1774 年首次发现亚苏尔火山，它海平面以上高度是 361 米。

喷发熔岩的火山有：
- **基拉韦厄火山**（夏威夷）
- **埃特纳火山**（意大利）
- **弗尔乃斯火山**（留尼汪）
- **尼亚穆拉吉拉火山**（刚果民主共和国）

天气与气候

天气描述一个地方某一天的空气状况，包括气温、气压、湿度、云层、日照等。

气候指一个地方较长一段时间的平均天气或通常天气状况。

水循环

- 水循环指地球与大气层之间的水的持续运动。
- 江、河、湖、泊的水蒸发成水蒸气。
- 植物通过蒸腾作用挥发掉一部分地球上的水。
- 太阳的热力使地球上的水蒸发成气体并凝结成云层。
- 雨、雪、霜、冰雹又把水降回地球。
- 如此循环。

146

水循环

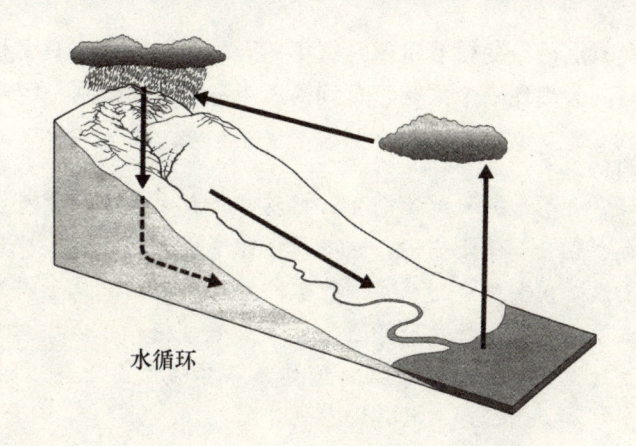

全球变暖

- 全球变暖最基本的意思就是指地球大气层的温度不断升高。
- 据预测，80 年后全世界温度将比现在升高 6°C。
- 地球大气层由好几层气体构成。
- 大气中的温室气体负责调解地球表面的温度。
- 温室气体能留住一部分太阳热量不让它反射回宇宙太空，使地球的温度保持在 16°C 左右。
- 没有温室气体，地球就会特别冷——大约 −23°C。如此寒冷的温度，动植物都无法生存。
- 现在的问题是人类的活动正在破坏这种平衡。
- 我们产出了过多温室气体如二氧化碳、沼气等，这些气体会把更多热储存在大气层中。
- 另外，大气污染源 CFC（含氯氟烃）以及其他化学物质也在破坏臭氧层。
- 臭氧层是一层臭氧气体，臭氧是氧气的同素异形体，在大气的平流层里，对太阳中的有害光线紫外线辐射起过滤作用。

● 臭氧层已经变得非常薄。每年冬天，南极洲上空臭氧层有两三个月时间会出现一个大洞，直到第二年春天才能得到一定恢复。

> **化石燃料**
> 　　煤、天然气、石油都是化石燃料，是数百万年前动植物的尸体沉积在岩石中形成的。这些尸体在变成化石的过程中碳被储存下来，现在燃烧时或被用作能源时会产生二氧化碳并释放到大气中。我们消耗化石燃料的速度如此之快，以至于无法靠自然过程吸收这些二氧化碳（例如靠森林的光能合成）。大气中过多的碳会加重温室气体的负面作用。

全球变暖可能造成的影响

● 冰川和海冰融化会升高海面。
● 海洋比陆地吸热快，水受热膨胀也会升高海平面。
● 海面升高会造成沿海区域泛滥。
● 很多城市和栖息地将被毁坏。
● 气候也会发生变化——一些国家会变得更热更干燥。
● 缺少降雨会造成长期干旱、谷物歉收甚至饥荒。
● 由于温度变化和水分蒸发，极端天气会变得更普遍，飓风、龙卷风、海啸发生的概率将上升。
● 臭氧层变薄会增加紫外线照射的强度。
● 人们患皮肤癌、白内障的可能性增大，免疫力下降。
● 由于紫外线辐射增强，水生态系统和植物将遭到破坏。

人们在行动吗？

● 联合国地球峰会每 5 年召开一次，已达成减少碳排放的

第五章 世　界

协议。
- 关于气候变化的《京都议定书》1997 年被采纳，2005 年开始生效。
- 按照《京都议定书》，各国温室气体排放量必须达标。

我们能做什么？

- 意识到我们利用资源的方式的利弊。
- 尽可能回收利用一些资源——很多理事会现在都制定了玻璃、塑料、废纸的回收计划。
- 二次利用塑料袋、信封等。
- 回收衣服，不要总买新衣服。
- 关掉灯和其他电器。
- 避免电视和类似电器处于待机状态。
- 节约水电。
- 刷牙时不要开着水龙头——会浪费很多水。
- 主水管漏水时报告当地政府。
- 用淋浴洗澡，因为淋浴比盆浴用水少。
- 少开车，多走路或骑自行车。
- 步行去上学，如果可能至少可以拼车。
- 洗衣机和洗碗机使用冷水程序（衣服寿命也会增长）。
- 在花园堆肥堆。
- 自己种菜和水果。
- 吃季节菜和当地出产的菜，尽量节省空运费用。

新能源

- 风能——是一种经济、可再生能源，但一些反对者认为风轮

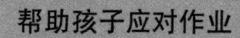

很丑，而且破坏鸟类生活。近年来，风能生产量提高迅猛，现在约占全世界电能的2%。
- 水力发电——全球约20%的电是靠水力发成的。
- 太阳能——尤其是阳光充足的地方具有很大潜力，但是目前太阳能供给还达不到全球能量供给的0.02%。
- 科学家正致力于探索新的有利于环境的发电途径，例如利用垃圾填埋场产生的气体发电，或用植物燃料发电。

第六章

学习方法

帮助孩子应对作业

告诉我，我会忘记；演示给我，我会记得；让我参与，我会理解。

——中国谚语

信息与交流技术（ICT）

ICT 是信息与交流技术的英文缩写式，全称是 information and communication technology，泛指从电脑、数字电视、收音机到手机等贮存和传递信息的各种装置。现在，我们的日常生活和各种事物都越来越多地依赖于 ICT，所以学校特别重视提高学生 ICT 技术以帮助他们学好各门功课。当然，这并不意味着你一定要成为一名电脑高手才能给孩子辅导，掌握一些基本技术就能胜任。这些技术包含：

- 与孩子探讨完成某项作业需要用到哪些资源。
- 查看孩子要使用的信息资源。
- 检查获得的信息是否正确，特别是在因特网上获得的信息。
- 比较从不同资源获得的信息，例如从因特网、书籍、报纸以及电视和电影获得的信息。
- 让孩子养成从大量不同资源中搜集资料的习惯，因为资源丰富，才能从中筛选出吸引人的资料。
- 让孩子阅读他们找到的资料，以帮助理解。
- 与孩子探讨什么资料有用，核实信息是否正确，并鼓励他们想一想还需要查什么资料。

现在，查找资料已经变得非常容易，不像以前多数家长在校读书时那样。但是，这也带来一些问题。要呈上一份清晰、引人注目的作业，孩子首先要学会查找有用资料，学会如何把资料组织起来

第六章 学习方法

形成自己的观点。不仅如此，孩子们还需要懂得以什么形式来呈现，什么形式效果最好。

以下这些形式或许可以借鉴：
- 一份简单的书面作业。
- 一张海报。
- 一幅图画。
- 一次有准备的演讲。
- 一次配有图表和音效的计算机辅助陈述。

思　考

- 某项作业的目的是什么？谁是这项作业的读者？
- 布局——是否清楚？是否引人注目？
- 用最适合的字体。
- 图片——图画还是照片？
- 用哪种图表阐明事实？
- 制图。
- 配音效。

播　客

- 播客与录音不同。

153

帮助孩子应对作业

- 把播客当成书中的章节。
- 学会录音和编辑。
- 很多学校鼓励孩子们把各科内容以不同主题录制成播客并播放。
- 孩子们一旦涉足其中，就会产生很多想法。
- 录制播客能帮助孩子提高语言听说技能和探究学习的能力，还能促使孩子思考什么最能吸引听众。
- 录制的播客还可以上传到网络，供其他孩子和家长（有时只是会员）使用。
- 开始制作播客时可利用简单的录音装置，如手机。
- 因特网上有很多简单易行且免费的程序能帮助孩子创建自己的播客。
- 还可以添加音乐（注意版权是否公开）。

> **教师寄语**
>
> 现在，很多学校都建有局域网，给每个学生提供账号和密码，学生在学校和家里都可以登录这个网站。学校每日的信息和消息，包括各班的具体作业、复习游戏、笔记等，在上面都可以查到。
>
> 有些学校还定制了一些学习网站，学生同样可以使用密码登录。例如，"语言空间"（Linguascope）是一个很好的语言学习网站，提供了各种层次的现代外语听力练习、词汇搜索以及游戏等。"我的数学"（Mymaths）甚至提供了各个年级的在线作业。这两个网站对家长和孩子都很有用。
>
> 以后，学校有可能会让孩子们直接登录这些网站做里面的作业。

第六章　学习方法

为升学作准备

当你的孩子逐渐长大并成为高年级学生时，他们需要不断复习学过的知识，加深记忆，这就是我们常说的"温故而知新"。为升学作准备也是这样。

学习方法

家长一定要牢记，每个人都有自己独特的学习方法和学习进度。对一个孩子非常容易的东西，对另一个孩子可能会比较难。最关键的是要帮助孩子找到适合自己的学习方法，并且知道如何才能发挥出他们的潜力。对多数孩子来说，方法并不单一。

记住：**看、听、说、做**结合在一起才是最佳学习方法。

记笔记

1. 读书要仔细，并做笔记。
2. 精简所做的笔记，并阅读笔记。
3. 记住这些笔记。
4. 复习学过的内容。
5. 每隔一段时间温习一下笔记，并测试自己。

外语学习

- 试着把单词录下来。
- 还可以把问题录下来，以便作答。

如果你的孩子喜欢语言学、词汇、阅读、写作，鼓励他们：

帮助孩子应对作业

- 从笔记中整理出问题。
- 找出问题的答案，做记录，反复大声朗读。
- 说出他们学到了什么。
- 用自己的话概括要义。
- 设计自己的助记符号以便记忆。
- 把摘要录下来反复播放。

如果你的孩子逻辑性很强，喜欢数字和数学，建议他们：

- 列出要点并编号。
- 尽可能按照一定顺序列出。
- 设计出自己的大事年表。
- 使用图表。

如果你的孩子对图画和视觉刺激较敏感，建议他们：

- 运用思维导图和蜘蛛图（见157页图）。
- 给笔记配上视觉符号。
- 把一些信息设计成招贴画。
- 用不同颜色、不同字体突出重点。
- 圈出关键词并动手写几遍。
- 看一些与某个科目相关的电影或纪录片。
- 鼓励他们自己创编动画片。

利用音乐

- 一些孩子学习时需要保持环境安静（我们这一代人都是这样）。
- 有些孩子听着音乐效率更高——注意使用背景音乐，而不是容易让人分心的音乐。

- 试着用节奏和节律学习一些材料。
- 给知识要点配乐。

一些孩子与其他孩子一起时做得更好

- 问问孩子在学什么。
- 让孩子给你讲讲。孩子们会像老师一样给你上一课。
- 让孩子与小伙伴一起学习，或比一比看谁的笔记记得好。

如果你的孩子坐不住，安静不下来，尝试让他们动起来：

- 让他们把重要信息写在便利贴上，贴到墙上。
- 把笔记写在卡片上并排序。
- 使用电脑，把问题和答案打出来。
- 散步时或出行途中与孩子畅谈一些学习内容。

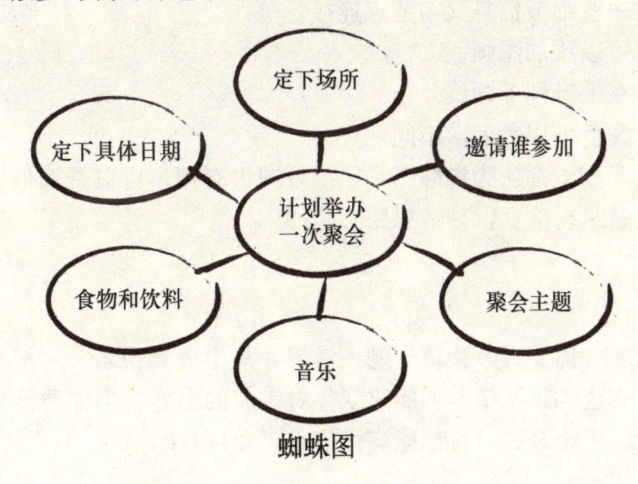

蜘蛛图

蜘蛛图和思维导图

蜘蛛图和思维导图可以有多种用途。一些学生发现它们很有

帮助孩子应对作业

帮助。
- 做课堂笔记。
- 复习功课。
- 作业计划，如写信、故事、短文，或者一个更长的写作任务。
- 头脑风暴。

蜘蛛图和思维导图可以运用到各科学习中。蜘蛛图先出现，一段时间之后英国著名教育学家托尼·布赞把它改进成了思维导图，还添加了颜色、关键词和图片等内容。
- 两种图都是把信息与观点联系起来。
- 中间的图块代表主题。
- 加粗的线由中间向四周辐射与相关要点连接。
- 一些细节信息又与要点连接。
- 可以添加图画。
- 在关键词下画线。
- 颜色可用来表示不同观点。

很多孩子都认为蜘蛛图和思维导图很有用，可以帮助他们围绕一个主题组织信息，理清思路。

小　结

总之，你要力争让孩子融入学习并从中得到快乐——至少一些时候应该这样。希望本书能改变你对作业的态度，当你帮孩子辅导功课时，无论对哪一科都能满怀信心，爱且有助。

学习本该如此，用一种全新的方法，你突然弄明白了你已经知道的东西。

——多丽丝·莱辛

译后记

译完这本书时，我心中只有一个念头："要是早几年我有机会读到这本书的话，我孩子的学习一定比现在好很多。"可惜，此时我的孩子初三都快要毕业了。

相信很多家长都有过我的经历和困惑。孩子上小学时，学校要求家长检查孩子的作业并签名。开始时我积极配合，但很快我发现孩子依赖我给她指出作业中的错误。身为教师的我意识到做完作业不知检查，对自己的错误不能监控，这非常不利于好的学习习惯的养成。并且，我还发现，老师布置的作业有时过多或过难，小学低年级的孩子注意力可持续时间有限，而且尚未形成良好思考能力，一眼望不到头的成堆作业使孩子失去迅速完成的动机，拖沓倦怠乘机入侵——难题不停地横在面前，孩子开始还在思考，很快就不由自主扳起手指玩起铅笔，久而久之本来十分专注的孩子开始变得难以集中注意力……我看到一颗对知识充满好奇的心慢慢变得麻木，看到一个追求上进的可爱的孩子慢慢变得无所谓。我看得到问题的产生，却无智慧解决，更无胆量与学校的规矩抗衡，只给孩子丢下一句狠话：我只签字，不管对错，自己对自己的作业负责。

翻译这本书时，我才懂得了，作为家长，其实我们可以有更好的解决问题的办法：根据自己孩子的需要裁减学校作业；可以把作业切分成几个阶段完成；发现孩子注意力不集中时，可以找点话题

帮助孩子应对作业

把他的注意力拉回来；作业难度过大时可以写张纸条告诉老师；对于计算、读写等课，除了老师的课堂教学，还有一些极有趣又有效的办法可以帮助孩子；把孩子的作业融入生活实际，在不知不觉中帮助孩子领会课本知识、完成作业、增强兴趣……我带着自责和懊悔译完本书，意识到在我们今天的教育中最欠缺的仍然是家长教育，一路兴奋地告诉我那些孩子还在幼儿园的朋友，说有这么一本书，它专门教家长如何给孩子辅导作业，待它出版，我定要每人送他们一本。

作业实在是个不大但也不小的教育问题，也是每个家长的痛。传言国外学生作业甚少，或没有作业，令一些家长和孩子羡慕不已。读到这本书，我们或许会发现事实并非完全如此。作为学校教育的一部分，作业必不可少，只不过要看是什么样的作业，教师、家长、孩子如何对待作业。本书所传递的重要信息是，作业不仅是一项重要的学习任务，也是培养孩子独立学习习惯的重要过程，小学阶段尤为重要。家长在协助孩子完成作业的过程中，不仅要注意培养孩子良好的学习习惯，还要启发孩子的学习兴趣、帮助建立自信、学习深入探究。我们看看这样一份作业："协助孩子挑选一个有趣的历史人物，鼓励他们查一些有关这个历史人物的资料，越多越好。让孩子思考该人物所处时代的生活是怎样的，与今天的生活有什么不同"这份作业难道不比填空或抄写更难？所花时间自然也不会少。当然，这样的作业自是比填空或抄写更有价值、有意义。我们再看看下面这个建议："把数学与孩子的兴趣结合起来。例如，可以利用足球比赛得分、联赛积分表、地理统计数据、美术中的比例和测量、音乐中的节奏和节拍来计算等等。有的孩子喜欢竞争，看谁算得快、贴星图都很有用的方法。总之，只要孩子有兴趣就行。作为家长，你一定知道什么办法对你的孩子最管用，最能发挥你孩子的潜力。"亲爱的家长，你可曾想到过这些方法？可曾想过

160

译后记

什么办法对你的孩子最管用?

  伴随孩子一起成长,我们当成为孩子最亲密的伙伴和学伴。孩子 6 岁,你就 6 岁;孩子 10 岁,你就 10 岁,你需要从头学习。对于教师,本书同样具有重要参考价值。将知识简单化,布置有水平的作业,是今天每位教师都应学习的重要功课。

郑汉文

2015 年 1 月

图书在版编目（CIP）数据

帮助孩子应对作业/（英）杜比著；郑汉文译. —北京：中国人民大学出版社，2014.12
（陪孩子成长系列丛书）
ISBN 978-7-300-20321-8

I.①帮… II.①杜…②郑… III.①学习方法-青少年读物 IV.①G791-49

中国版本图书馆 CIP 数据核字（2014）第 276498 号

陪孩子成长系列丛书
帮助孩子应对作业
[英] 凯伦·杜比（Karen Dolby） 著
郑汉文 译
程可拉 校
Bangzhu Haizi Yingdui Zuoye

出版发行	中国人民大学出版社			
社　　址	北京中关村大街 31 号		邮政编码	100080
电　　话	010 - 62511242（总编室）		010 - 62511770（质管部）	
	010 - 82501766（邮购部）		010 - 62514148（门市部）	
	010 - 62515195（发行公司）		010 - 62515275（盗版举报）	
网　　址	http://www.crup.com.cn			
	http://www.ttrnet.com（人大教研网）			
经　　销	新华书店			
印　　刷	北京鑫丰华彩印有限公司			
规　　格	170 mm×210 mm　16 开本		版　次	2015 年 3 月第 1 版
印　　张	11 插页 1		印　次	2015 年 3 月第 1 次印刷
字　　数	126 000		定　价	28.00 元

版权所有　　侵权必究　　印装差错　　负责调换

Homework Help for Mums and Dads: Help Your Child Succeed by Karen Dolby, illustrations by David Woodroffe

Copyright © 2011 by Michael O'Mara Books Limited
This edition arranged with Michael O'Mara Books Limited
Through Big Apple Agency, Inc., Labuan, Malaysia.

Simplified Chinese edition copyright © 2015 by China Renmin University Press.

All Rights Reserved.